동인랑

여러분의 외국어 학습에는 언제나 (주)동인랑이 성실한 동반자가 되어줄 것입니다.

여행을 떠나기 앞서...

두려워하지 말고 떠나자! 말하자! 즐기자!

큰 맘 먹고 떠나는 러시아 여행!
낯선 나라에 대한 호기심과 즐거움 보다는 덜컥
겁부터 먼저 나지는 않나요? 게다가 **얼마예요?,이건
뭐예요?,** 더 주세요와 같은 간단한 말을 못해
소중한 나의 첫 해외여행이 엉망이 되는 않을지
걱정되지는 않나요? 갑자기 아프기라도 한다면...

이렇게 많은 걱정거리를 없앨 수 있는 가장 간단한 방법은
그 나라의 말을 할 수 있으면 됩니다. 하지만 얼마 남지 않은
해외여행! 아무리 학원을 다니고 공부를 한다 해도 한마디 말도 할
수 없는 것이 뼈아픈 현실! 이렇듯 시간은 없어도 보람찬 러시아
여행을 원하는 여러분을 위해 우리말발음이 함께 있는 **왕초짜
여행 러시아어** 를 준비했습니다.
이 책은 **처음 러시아 여행을 떠나는** 분들을 위해 정성들여 만든
여러분의 파트너이자 여행길의 벗입니다.

나홀로 배낭여행을 떠나든 여행사의 단체 패키지로 떠나든 여행의
즐거움을 배로 느낄 수 있는 방법은 바로 현지 언어로 현지인과
의사소통을 하는 것임을 잊지 말고, 이 책을 보면서 자신 있게
도전해 보세요! 그러면 낯선 곳에 대한 불안감은 사라지고 생각지
않은 즐거움과 기쁨을 두 배로 느낄 수 있습니다.

끝으로, 이 책에 사용된 러시아어 문장은 원만한 의사소통을 위해
뜻이 통하는 한도 내에서 가능한 짧은 문장위주로 실었습니다.
즐겁고 보람찬 여행 되세요!

이 책의 특징

1 처음 러시아여행을 떠나는 분들을 위한 왕초짜 여행 러시아어
러시아여행에 많은 경험과 노하우를 가진 선배 여행자들이 왕초짜
여행자들에게 필요한 문장들만 콕콕 찍어 만든 필수 여행 회화서이다.
처음으로 러시아여행을 떠나는 분들의 두려움은 반으로 줄고, 즐거움은
두 배가 되도록 알차게 만들었다.

2 해외여행시 꼭 필요한 문장들만 수록 - 우리말발음이 있어 편리
여행에 꼭 필요한 문장들만 콕콕 찍어 수록하였다. 현지인이 알아들을
수 있는 한도 내에서 가능한 짧은 문장들로 구성한 살아있는 문장들이다.
또한 우리말 발음이 함께 적혀있어 자신 있게 말할 수 있다.

3 상황에 따라 쉽게 골라 쓰는 여행 러시아어 회화
여행에서 얻은 다양한 경험을 살려 마주칠 수 있는 상황들을 장면별로
나누고, 바로 바로 찾아 쓰기 쉽게 검색기능을 강화하였다.
러시아어 회화에 자신이 없다면 검색해서 손가락으로 문장을
가리키기만 해도 뜻이 통한다.

4 도움되는 활용어휘, 한국어-러시아어 단어장
상황별로 도움이 되는 단어들을 모아 정리해 놓았으므로, 완전한 문장은
아니더라도 긴급한 상황에 쓰기에 아주 유용하다. 또한, 한국어-
러시아어 단어장이 가나다순으로 뒷편 부록에 실려 있어, 이 부분만
따로 분리해 휴대하여 가지고 다녀도 안심!

5 휴대하기 편한 포켓사이즈
여행시에는 작은 물건이라도 짐이 되는 경우가 많다. 이 책은 휴대하기 편한
포켓사이즈라 짐도 되지 않고, 주머니 속에 쏙 들어가므로 휴대하기 편하다.

부록

알아둡시다

해외여행을 가고자 하는 국가에 대한 기초적인 정보를 미리 알고, 여행 목적에 알맞게 준비를 하면 보람 있고 여유 있는 여행을 즐길 수 있다. 여행을 떠나기 전 기초적인 준비사항을 알아보자.

😊 여권

해외 여행을 하는 사람을 위해 정부가 발행하는 공식 신분증명서이다. 소지한 사람의 사진과 서명, 이름, 생년월일, 국적 등 신분에 관한 사항을 증명하는 가장 대표적인 여행증명서이다. 여권은 일반 여권(녹색), 거주 여권(녹색), 공무원 등을 위한 관용 여권(황갈색), 외교관을 위한 외교 여권(남색)이 있다. 일반 여권은 단수 여권과 복수 여권으로 나뉜다. 또한 일반 여권은 주민등록지에 상관없이 모든 구청과 광역시청, 도청 등에서 신청할 수 있다. 국제민간항공기구(ICAO)의 권고에 의해 2008년 8월부터는 신원 정보 면의 내용을 칩에 한번 더 넣어 보안성을 강화한 전자여권을 도입하였다.

😊 비자

2014년 1월 1일부터 한국 러시아 간 일반여권 비자(사증)면제협정이 체결되었다. 따라서 유효한 일반여권 또는 여행증명서를 소지한 양국 국민은 근로, 거주, 유학의 목적이 아닌 한 상대국 영역에 비자 없이 60일까지 체류할 수 있다. 단, 각 180일의 체류기간 동안 총 체류기간은 90일을 초과할 수 없다.

예를 들어,   – 60일 체류 후 출국, 90일 이내에 다시 입국하였다면 30일만 추가 체류 가능

　　　　　– 60일 체류 후 출국, 120일 이후 다시 입국하였다면 최초 입국일 로부터 180일이 경과되었으므로 다시 60일간 체류 가능

🔄 환전

출국하기 전에 미리 은행이나 공항의 환전소에서 러시아화폐인 루블로 바꿔 가거나 아니면 달러 및 Euro로 환전하고 러시아에 도착한 다음, 루블로 바꿀 수도 있다. 고액을 바꾼다면 분실 시에도 안전하고 수수료도 현금보다 유리한 Traveler's check 여행자수표를 준비하는 게 좋다. 고액보다 소액으로 바꿔가는 것이 사용하기 편리하다.

💳 신용카드

Visa비자, Master마스터 등의 국제카드는 러시아에서도 사용할 수 있으며 여행기간과 은행 결제일이 겹치는 경우는 미리 사용한 대금을 예금하고 떠나도록 한다. 러시아는 한국에 비해 신용거래가 익숙하지 않아 호텔이나 백화점, 큰 음식점에서만 사용이 가능하며 현금을 우선시 하므로 유의한다.

✈️ 항공권

여행사에서 단체로 가는 경우에는 문제가 없으나, 개인 출발이라면 출발 전에 반드시 예약을 재확인하도록 한다. 개인 출발 시 항공권의 가격은 회사별로 차이가 조금 난다.

🪪 국제운전면허증

러시아에서 직접 운전할 기회가 많지는 않지만 필요한 경우 경찰서나 운전면허 시험장에 신청하여 구비한다.

🛡️ 해외여행보험

여행자의 필요에 따라 만약의 사태에 대비해서 해외여행 보험에 들어두는 것이 좋다.

준비물

아래의 체크 리스트는 해외여행 시 필요한 일반적인 준비물이다. 각자의 상황에 맞게 참고하여 빠진 것 없이 꼼꼼히 준비하도록 하자.

필수품 귀중품	품 목	Y	N
	• 여권 VISA포함	☐	☐
	• 현금 현지화폐	☐	☐
	• 신용카드	☐	☐
	• 항공권	☐	☐
	• 비상약품	☐	☐
	• 핸드폰	☐	☐

※ 위의 서류들은 꼭 별도로 번호와 발행처를 메모하거나 복사해 둔다.
※ 외국인의 러시아 병원 방문 시 의료비가 비싸므로 비상약품은 꼭 준비해 간다.

선택	품 목	Y	N
	• 유스호스텔 회원증	☐	☐
	• 국제 운전 면허증	☐	☐
	• 국제 학생증	☐	☐
	• 증명사진 2매	☐	☐
	• 타월, 칫솔, 치약, 빗, 면도기	☐	☐
	• 시계	☐	☐
	• 멀티어댑터, USB 연결 케이블	☐	☐
	• 화장품, 생리용품	☐	☐
	• 옷 자켓, 두꺼운 옷, 신발, 우산	☐	☐
	• 카메라, 충전기	☐	☐
	• 여행안내 책자, 지도	☐	☐
	• 바느질용품	☐	☐
	• 계산기	☐	☐
	• 김, 김치, 고추장	☐	☐
	• 필기도구, 메모지	☐	☐

※ 1회용품 칫솔, 치약, 면도기 등은 숙소에 따라 제공되지 않을 수 있으므로
   준비해 간다.
※ 증명사진은 여권 재발급시 필요하다.
※ 장기간 여행객이라면 밑반찬을 밀봉된 병이나 팩에 넣어서 휴대한다.

러시아에 대해

유라시아 대륙에 위치하고 있고 세계에서 가장 영토가 넓은 국가이다. 러시아의 영토 면적은 17,098,242㎢이며, 동쪽은 태평양과, 서쪽은 노르웨이, 핀란드, 폴란드, 에스토니아, 라트비아, 리투아니아, 벨라루스와 남쪽은 조지아(그루지야), 우크라이나, 아제르바이잔, 카자흐스탄, 중화인민공화국, 몽골, 조선민주주의인민공화국과 북쪽은 북극해와 접해 있다. 민족은 대다수가 슬라브계 민족이고 공용어는 러시아어이며 수도는 모스크바이다. 유라시아 경제 공동체를 주도하는 국가이며 지역은 구 소련 내 러시아 소비에트 연방 사회주의 공화국과 거의 일치한다. 러시아는 동양과 서양 사이의 문화를 보존하고 있는 나라이기도 하다. 러시아의 종교는 러시아 정교회가 거의 국교시화되어있고 그외 다수의 종교가 있다.

국 명	라시이쓰카야 페데라치야 **Российская Федерация** 러시아연방		
수 도	모스크바	면적 17,098,242㎢ 세계 1위	
인 구	약 142만명 2015(세계 9위)	시차 한국시간 – 6시간	
언 어	**русский язык** 루스키의 야족 러시아어 사투리가 없음		
종 교	러시아 정교회 **Русская Православная церковь**		
나라형태	국가 체제는 연방제이나, 국가원수 대통령 임기는 6년이며 재선 가능이 행정의 중심		

🌎 기후와 계절

러시아의 기후는 그 위치·면적·지형 등에 따라서 크게 달라진다. 광대한 영토의 대부분이 중위도 또는 고위도에 위치하고 한랭한 지역이 많을 뿐 아니라 해양의 영향도 많이 받고 있다. 그래서 러시아의 기후는 위도에 의한 태양에너지의 입사조건의 차이로 북쪽에서 남쪽으로 변화할 뿐 아니라, 서쪽에서 동쪽으로 변화한다.

🙂 언어

러시아어 **русский язык** 루스키의 야즉는 인도유럽어족의 동슬라브어군에 속한 언어이며 슬라브어파의 언어 중 가장 많이 쓰이는 언어이자, 러시아의 공용어이기도 하다. 키릴 문자로 기록하며, 33개 정도의 알파벳을 가지고 있다.

🙂 매너와 관습

대다수 러시아인들은 생활 스타일로 보면 서구 유럽인들과 크게 다를 바가 없다. 러시아는 이웃나라 핀란드처럼 사우나를 좋아하는 것에서부터 러시아와 스웨덴 사람들을 하나로 엮어 주는 훌륭한 여름 별장 전통에 이르기까지 북유럽과 많은 공통점을 갖고 있다. 하지만 자세히 살펴보면 다른 나라 국민들에 비해 상당히 다른점을 발견할 수가 있는데, 러시아 국민의 민족성과 관습이 여타 국가들과 비교해 다소 특이한 성향을 나타내는 것은 러시아만의 특이한 역사, 특히 한때 세계를 이념으로 양분하던 냉전 시절과 모라토리움과 같은 경제적인 위기를 겪어 현재는 세계 정치와 경제의 중심지로 발돋음하는 등 급격한 격변기를 겪어온 점에서 그 차이점이 있다.

🙂 팁

러시아에서 팁 제도는 원칙적으로 도입되어 있지 않지만 레스토랑이나 까페에서 웨이터한테 팁을 따로 주는 관습은 있다.

🙂 전화와 인터넷

요즘은 세계 어디에서나 휴대전화나 인터넷이 가능해졌다. 러시아에서도 한국으로 연락하고자 할 때 휴대전화나 호텔 전화를 이용해 전화가 바로 가능하며 그 외에도 무선 인터넷 접속이 가능한 곳에서 다양한 인터넷 수단 예를 들어 Skype와 같은 소프트웨어, 앱 을 사용해 음성 및 영상통화를 할 수 있고 유저들 간에 메신저나 통화를 무료로 이용할 수 있고 해외로 전화를 하는 경우에도 요금이 발생하지 않는다.

🎮 전압주파수

220V, 주파수는 50Hz. 콘센트 모양이 여러 가지가 있다.

🎮 국경일

★ 신년 휴일	**Новый Год** 노브이 고드,노븨 곤	1월 1일
★ 크리스마스	**Рождество** 라쥐데스트보 **정교회의 크리스마스**	1월 7일
★ 조국 영웅의 날	덴 자쉬트니카 아테체스트바 **День защитника отечества**	2월 23일
★ 국제 여성의 날	몌쥐두나로드늬 쥇스키 덴 **Международный женский день**	3월 8일
★ 노동의 날	프라즈드니크 베스늬 이 트루다 **Праздник весны и труда**	5월 1일
★ 전승기념일	**День Победы** 덴 파베듸 **서방은 5월 8일을 기념한다.**	5월 9일
★ 독립기념일	**День России** 덴 러씨이 **현재의 러시아 헌법이 발표된 날**	6월 12일
★ 가정의 날	**День семьи** 덴 셈이	7월 8일
★ 국민 화합의 날	덴 나로드나바 예딘스트바 **День народного единства**	11월 4일

긴급상황

😵 여권분실

모스크바의 주 러시아 한국대사관 ☎ 495-783-2727 대표전화, 495-783-2747 영사민원, 495-778-0780 야간휴일비상전화에 연락하고 필요한 서류를 구비하여 본인이 직접 방문하여 신청하여야 한다. 2014년 6월부로 러시아 경찰 당국이 발행한 여권분실 확인서는 대사관 제출서류에서 제외되었지만 출국 시 주재국에서 여권분실증명서를 요구할 수 있으므로 각별한 주의를 요한다. 여권 재발급은 시간이 걸리므로 급하면 즉시 여행자증명서 발급을 신청한다. 여권용 사진 2매를 휴대하고 만약을 대비하여 여권 사본을 준비해둔다.

😵 신용카드분실

한국의 해당 카드사에 전화하여 직접 분실 신고를 하는 것이 가장 안전하다. 만약의 경우를 대비해 신용카드의 카드번호, 유효기간을 따로 기록해 두는 것도 좋은 방법이다.

★ 분실신고 연락처_서울

비씨카드	82-2-330-5701	삼성카드	82-2-2000-8100
신한카드	82-1544-7000	씨티카드	82-2-2004-1004
우리카드	82-2-2169-5001	하나카드	82-2-3489-1000
현대카드	82-2-3015-9000	국민카드	82-2-6300-7300
농협카드	82-2-6942-6478	롯데카드	82-2-2280-2400

😵 현금분실

분실한 현금이 되돌아올 가능성은 없지만 액수가 크면 일단은 경찰에 신고하여 소정의 절차를 밟아 두고 한국에 송금을 요청하거나 신용카드로 현금을 대출받아 사용하는 것도 방법이다. 송금을 받을 때는 현지에 한국 외환은행 지점이 있는 지 확인하고 한국에 연락하여 본인 여권번호와 영문

이름을 정확히 알려준 뒤 자신이 있는 곳의 한국 외환은행 지점으로 송금을 부탁하면 1~2일 내에 찾을 수 있다. 현금을 찾을 때는 여권을 제시하면 된다.

🐸 항공권 분실

먼저 경찰서에서 분실 증명서를 발급 받은 후, 항공사의 대리점에 가서 재발급 신청을 하면 항공사는 본사에 연락하여 발급 여부를 확인해 준다. 시간이 급할 때는 별도의 항공권을 구입한 후 귀국 후에 조회하여 환불받을 수 있으며, 할인 항공권인 경우 환불이 되지 않는다.

🐸 치안

★ 여행하는 동안은 분실할 경우 곤란한 여권·현금·항공권 등은 항상 몸에 지니거나 안전한 호텔 보관함에 맡긴다.

★ 관광명소나 시내버스 안, 쇼핑가 등의 복잡한 곳에서는 소매치기와 도둑을 경계해야 한다. 보석이나 유명 브랜드 상품을 착용해 도둑의 표적이되지 않도록 한다.

★ 여행 중 귀중품은 특별히 필요한 경우가 많지 않으므로 되도록 가져가지 않는 것이 좋다.

★ 최근 수년간 극단적인 민족주의를 표방하는 러시아 스킨헤드의 외국인에 대한 공격 위험이 증가하고 그들에 의한 각종 폭행사건 등이 발생하고 있기 때문에 가급적 단독외출을 자제하는 등 신변안전에 각별히 유의해야 하며, 특히 야간에 길거리를 배회하는 것은 매우 위험하다.

🐸 해외여행보험

해외여행 도중 불의의 사고로 인한 피해를 미리 대비한 해외여행보험에는 상해보험과 질병보험, 항공기 납치, 도난보상보험 등이 있다. 보험 가입은 개인의 경우, 각 공항에서 비행기탑승 전에 가입 하면 되고 여행사에서 취급하는 해외여행 상품을 이용할 경우는 대부분이 보험료가 포함되어 있으므로 별도로 가입할 필요는 없다.

기본표현

인사

Здравствуйте! 쓰드라스트부이쩨는 처음 만나는 사람, 또는 서로 알고 지내는 사람에게 할 수 있는 가장 널리 쓰이는 인사말로 대답도 같다. **Как дела?**각 델라는 서로 잘 알고 지내는 사이에 **잘 지내십니까?**라고 물어보는 말로, 대답은 Все хорошо.브셔 하라쇼 **잘 지냅니다.**라고 말한다.

안녕하십니까?	쓰드라스트부이쩨 Здравствуйте!
안녕하십니까?	쓰드라스트부이쩨 Здравствуйте?
오래간만입니다.	다브노 네 비델리스 Давно не виделись
요즘 어떠십니까?	각 보지바에쩨? Как поживаете?
여전히 좋습니다.	브쇼 호로쇼 Все хорошо.
그대로입니다.	딱제 Также.
건강은 어떠십니까?	각 즈도로비에? Как здоровье?
고맙습니다. 아주 건강합니다.	쓰바씨바. 브쇼 아트리치노 Спасибо. Все отлично.
사업은 잘 되십니까?	각 바씨 비지네스? Как ваш бизнес?
그럭저럭 지냅니다.	탁 시약 보이뎟 Так- сяк пойдет.

처음 만난 사람끼리는 **처음 뵙겠습니다.**
만나서 반갑습니다라고 인사한다. 초면의
러시아 사람과 악수하면서 자연스럽게 인사를
나눌 수 있도록 기본표현들을 잘 알아두자!

첫 만남

처음 뵙겠습니다.	오쩬 브리얏노 **Очень приятно.**	
나는 박인랑입니다.	메냐 자붓 박인랑 **Меня зовут Пак Ин Ранг.**	
만나서 반갑습니다.	랃 (라다) 브스뜨레치 **Рад (рада) встречи.**	
말씀 많이 들었습니다.	므노고 슬르쌀 (여성 슬르샬라) **Много слышал (слышала).**	
잘 알고 지냅시다	부뎸 스나고므 **Будем знакомы**	
당신은 어느 나라 사람입니까?	앗구다 브 프리에할리? **Откуда вы приехали?**	
당신은 러시아 사람입니까?	브 바 나찌어날너스띠 루스키의 (여성 루스카야) **Вы по национальности** **русский (русская)?**	
네. 저는 러시아 사람입니다.	다. 야 루스키의 (여성 루스카야) **Да. Я русский (русская).**	
나는 한국인입니다.	야 고레에쯔 (여성 고레얀가) **Я кореец (кореянка).**	
댁의 성함이 무엇입니까?	각 바스 자붓 **Как вас зовут?**	

대답
긍정/부정

질문에 대해 간단히 답할 수 있는 여러 가지 표현들을 알아보자. 이들만으로도 자기 의사를 정확히 표현할 수 있다.

네.	다 Да.
아니오.	녯 Нет.
있습니다.	예스티 Есть.
없습니다.	녯 Нет.
맞습니다.	프라빌노 Правильно.
틀립니다.	네프라빌노 Неправильно.
계십니다.	쓰데씨 Здесь.
안 계십니다.	네 쓰데씨 Не здесь.
알겠습니다.	보냣나 Понятно.
모릅니다.	네 즈나유 Не знаю.

러시아에서는 대부분 인사 및 감사 표현은
간단하게 말해도 되고 **감사하다**는 표현을 할
때 자연스럽게 웃으면서 해도 된다.

감사
사과

고맙습니다.	쓰바씨바 Спасибо.
정말 감사합니다.	볼쇼예 쓰바씨바 Большое спасибо.
보살펴 주셔서 감사합니다.	쓰바씨바 자 자보뚜 Спасибо за заботу.
어떻게 감사를 드려야 할지 모르겠습니다.	네 즈나유 깍 블라가다리띠 Не знаю, как благодарить.
수고하셨습니다.	하라쇼 바트루딜리쓰 Хорошо потрудились.
별 말씀을요./ 사양하지 마세요.	쯔또 브…/ 네 스토이띠 Что вы.../ Не стоит.
미안합니다.	쁘라스띠떼 Простите.
죄송합니다.	이즈비니떼 Извините.
용서해 주세요.	쁘라슈 쁘라쎼니에 Прошу прощения.
괜찮습니다. / 별일 아닙니다.	나르말나/ 니쩨고 쓰뜨라쓰나바 Нормально/ Ничего страшного.

감정을 나타내는 말은 다음과 같다.

감정

정말 대단하군요.	에따 쓰더로보 Это здорово!
무슨 말씀하시는 겁니까?	쯔또 브 이메예떼 비두 Что вы имеете в виду?
너무 지나칩니다.	브 자브바예떼스 Вы забываетесь.
이게 무슨 의미입니까?	쯔또 에따 쯔나찟 Что это значит?
저를 무시하는 겁니까?	브 메냐 이그나리루이떼 Вы меня игнорируете?
무시하지 마십시오.	네 이그나리루이떼 Не игнорируете!
마음이 상합니다.	브 자델리 메냐 Вы задели меня
너무 아쉽습니다.	므네 잘 Мне жаль.
나 좀 괴롭히지 마세요	브 메냐 다쓰딸리 Вы меня достали
만족합니다.	메냐 우스뜨라이바옛 Меня устраивает.

초보여행자도 한번에 찾는다

상대방의 동의를 구하거나 허가를 얻으려 할 때 쓰는 기본표현은 **Можно** 모제노...? ~해도 됩니까?이다. 금지나 불가를 나타낼 때는 기본형은 **нельзя** 넬쨔 이다.

허락 금지

물론입니다.	카네쯔노 **Конечно.**	
문제없습니다. 상관없습니다.	베즈 브러블렘／베즈 라쯔니츠 **Без проблем /Без разницы**	
도와주시겠습니까?	모제떼 바모쯔 **Можете помочь?**	
네, 그러겠습니다.	다바이떼 **Давайте.**	
죄송합니다, 도와드릴 수가 없군요.	이즈비니떼, 네 모구 바모치 **Извините, не могу помочь.**	
안심하십시오.	붇떼 쓰보고이느 **Будьте спокойны.**	
편한 대로 하십시오.	델라이떼 각 밤 우돔나 **Делайте как вам удобно.**	
담배를 피워도 괜찮습니까?	모구 야 구리띠 **Могу я курить?**	
안됩니다.	넬쨔 **Нельзя.**	
나중에 다시 얘기합시다.	다바이떼 바톰 바가바림 **Давайте потом поговорим.**	

기본
표현

인사
첫만남
대답
감사
사과
감정
허락
금지
축하
기원
질문
가격
숫자
시간
월/일
요일
계절
가족
색깔
방향
인칭
대명사

생일이나 기타 경축일 등에 쓰이는 축하 인사말,
상황에 어울리는 표현을 적절히 사용해 보자.

축하합니다.	바쯔드라블랴유 **Поздравляю!**
생일 축하합니다.	쓰 드넘 라쯔데니야 **С Днем Рождения.**
축하합니다.	브리미떼 마이 바쯔드라블레니야 **Примите мои поздравления.**
대학에 합격하신 것을 축하합니다.	쓰 바쓰뜨불레니엠 브 우니베리쓰뗏 **С поступлением в университет.**
행복하세요!	붇떼 쌰쓸리브 **Будьте счастливы!**
건강하세요!	붇떼 쯔다로브 **Будьте здоровы!**
성공하시길 기원합니다!	우쓰뻬하 밤 **Успеха вам!**
무사하시길 바랍니다.	베레기떼 쎄뱌 **Берегите себя.**
모든 일이 다 잘 되시길.	쯔또브 브쇼 블러 하라쇼 **Чтобы все было хорошо.**
즐거운 여행이 되십시오.	하로셰바 부떼쌔쓰띠비야 **Хорошего путешествия.**

모르는 사람에게 질문을 하거나 어떤 알지 못하는 사실에 대해 묻고자 할 때는 **Извините** 이즈비니떼 **말씀 좀 묻겠습니다.**라는 말을 먼저 하여 예의를 갖추어 말한다.

질문

그(그녀)는 누구입니까?	그또 온　(아나) **Кто он (она)?**	
우리는 어디로 갑니까?	구다 므 이뎜 **Куда мы идем?**	
무엇을 드시고 싶습니까?	쯔또 브 하띠떼 구싸쯔 **Что вы хотите кушать?**	
몇 시입니까?	쓰골가 브레메니 **Сколько времени?**	
어디에 묵고 계십니까?	그데 브 아쓰따나빌리스 **Где вы остановились?**	
왜요?	빠쩨무 **Почему?**	
올해 몇 살입니까?	쓰골가 밤 렏 **Сколько вам лет?**	
얼마입니까?	쓰골까 **Сколько?**	
어떻게 갑니까?	각 도이띠 **Как дойти?**	
여기는 어디입니까?	그데 므 나호딤쌰 **Где мы находимся?**	

가격

대부분의 백화점이나 외국인들이 많이 가는 상점에서는 정찰제를 실시하고 있으나 어느 정도의 할인이 가능한 곳도 있다.

얼마입니까?	쓰꼴가 쓰토잇 Сколько стоит?
모두 얼마입니까?	쓰꼴가 브쎄버 Сколько всего?
비쌉니다.	도로가 Дорого.
쌉니다.	데쇼바 Дешево.
좀 더 싸게 해주십시오.	우수뚜비떼 넴노고 Уступите немножко.
거스름돈을 주십시오.	다이떼 쓰다쭈 Дайте сдачу.
거스름돈이 틀립니다.	네 쁘라빌너 달리 쓰다쭈 Неправильно дали сдачу.
영수증을 주십시오.	다이떼 크비딴찌유 Дайте квитанцию.
서비스료 포함입니까?	아브술루지바니에 브꿀리찌노 Обслуживание включено?
팁이 포함됐습니까?	브 부꿀리찔리 짜예브예 Вы чаевые включили?

초보여행자도 한번에 찾는다

숫자를 읽을 때는 우리말의 '일, 이, 삼,
사…'와 같다. 숫자가 주로 발음이 많이
달라서 여기에 써 있는 숫자대로 표현해 주면
된다.

숫자

0, 영	놀 НОЛЬ	13	뜨리나짜띠 тринадцать
1, 일	아딘 один	14	체뜨리나짜띠 четырнадцать
2, 이	드바 два	15	빠뜨나짜띠 пятнадцать
3, 삼	뜨리 три	16	세슷나짜띠 шестнадцать
4, 사	체뜨리 четыре	17	쎔나짜띠 семнадцать
5, 오	빠찌 пять	18	보쎔나짜띠 восемнадцать
6, 육	세스찌 шесть	19	데뱟나짜띠 девятнадцать
7, 칠	쎔 семь	20	드바짜띠 двадцать
8, 팔	보쎔 восемь	30	뜨리짜띠 тридцать
9, 구	데뱌찌 девять	40	소락 сорок
10, 십	데샤찌 десять	50	빠찌데샤뜨 пятьдесят
11, 십일	아딘나짜띠 одиннадцать	60	셰스찌데샤뜨 шестьдесят
12, 십이	드베나짜띠 двенадцать	70	쎔데샤뜨 семьдесят

숫자

80	보셈데샤뜨 **ВОСЕМЬДЕСЯТ**	10,000	데샤띠 띠샤츠 **ДЕСЯТЬ ТЫСЯЧ**
90	떼비노쓰따 **ДЕВЯНОСТО**	100,000	쓰또 띠샤츠 **СТО ТЫСЯЧ**
100	쓰또 **СТО**	1,000,000	밀리온 **МИЛЛИОН**
1,000	띠샤챠 **ТЫСЯЧА**	10,000,000	데샤띠 밀리오노브 **ДЕСЯТЬ МИЛЛИОНОВ**

365	뜨리스따 셰스띠데샤뜨 빠띠 **ТРИСТА ШЕСТЬДЕСЯТ ПЯТЬ**
1,024	띠샤챠 드바짜띠 체뜨리 **ТЫСЯЧА ДВАДЦАТЬ ЧЕТЫРЕ**
2016년	드베 띠샤치 셰숫나짜뜨의 고드 **ДВЕ ТЫСЯЧИ ШЕСТНАДЦАТЫЙ ГОД**
2017년	드베 띠샤치 셰므나짜뜨의 고드 **ДВЕ ТЫСЯЧИ СЕМНАДЦАТЫЙ ГОД**
2018년	드베 띠샤치 보쎔나짜뜨의 고드 **ДВЕ ТЫСЯЧИ ВОСЕМНАДЦАТЫЙ ГОД**
(812) 555–12–34	보셈숏 드베나짜띠, 뜨리 피툐르키, **ВОСЕМЬСОТ ДВЕНАДЦАТЬ, ТРИ ПЯТЕРКИ,** 드베나짜띠, 뜨리짜띠 체뜨리 **ДВЕНАДЦАТЬ, ТРИДЦАТЬ ЧЕТЫРЕ**

초보여행자도 한번에 찾는다

연도를 나타낼 때는 **год** 고드, 달을 나타낼 때는
месяц 메샤쯔, 주를 나타낼 때는 **неделя**
네델랴, 날을 나타낼 때는 **день** 덴 을 쓴다.

시간
때

작년	브로씰르의 고드 прошлый год	지난 달	브로씰르의 메샤쯔 прошлый месяц
올해	에땃 고드 этот год	이번 달	에땃 메샤쯔 этот месяц
내년	쓸레두이씨이 고드 следующий год	다음 달	쓸레두이씨이 메샤쯔 следующий месяц

지난 주	프로씰라야 네델랴 прошлая неделя	어제	브체라 вчера
이번 주	에따 네델랴 это неделя	오늘	쎄보드냐 сегодня
다음 주	쓸레두이싸야 네델랴 следующая неделя	내일	자쁘뜨라 завтра

아침	웃라 утро	저녁	베체르 вечер
낮	덴 день	밤	노치 ночь

시간
월/일

연도를 읽을 때는 각각의 숫자를 하나하나 읽어준다. 러시아어에서 1월~12월까지는 영어와 같이 달명이 따로 있다. 날짜는 1~31까지의 숫자 뒤에 **день**덴을 붙인다.

1월	얀바르 **январь**	하루	아딘 덴 **один день**
2월	볘브랄 **февраль**	이틀	드바 드냐 **два дня**
3월	마르뜨 **март**	사흘	뜨리 드냐 **три дня**
4월	아쁘롈 **апрель**	나흘	체뜨리 드냐 **четыре дня**
5월	마이 **май**	닷새	빠띠 드네이 **пять дней**
6월	이윤 **июнь**	엿새	셰스띠 드네이 **шесть дней**
7월	이율 **июль**	이레	셈 드네이 **семь дней**
8월	아브그스뜨 **август**	여드레	보셈 드네이 **восемь дней**
9월	쎈땨브르 **сентябрь**	아흐레	데뱌띠 드네이 **девять дней**
10월	아끄땨브르 **октябрь**	열흘	데샤띠 드네이 **десять дней**
11월	나야브르 **ноябрь**	열하루	아디나짜띠 드네이 **одиннадцать дней**
12월	데가브르 **декабрь**	이십일	드바짜띠 드네이 **двадцать дней**
		이십사일	드바짜띠 체뜨리 드냐 **двадцать четыре дня**

요일과 계절은 다음과 같이 표현한다.

시간
요일/계절

일요일	바쓰그레세니에 воскресенье
월요일	빠네델닉 понедельник
화요일	브또르닉 вторник
수요일	쓰레다 среда
목요일	체뜨베륵 четверг
금요일	빠뜨니짜 пятница
토요일	수버따 суббота
봄	베쓰나 весна
여름	레타 лето
가을	오센 осень
겨울	지마 зима

가 족

예로부터 전통적인 남성중심의 사회이었지만 사회주의 개념의 영향을 많이 받아 가족 개념이 크게 변했다.

할아버지	데두씨까 дедушка	시어머니	떠짜 теща
할머니	바부씨까 бабушка	시아버지	떼쓰띠 тесть
아버지	빠빠 папа	삼촌	다댜 дядя
어머니	마마 мама	숙모	툐따 тетя
남편	무즈 муж	고모	툐따 дядя
아내	제나 жена	고모부	다댜 дядя
형/오빠	브랏 брат	이모	툐따 тетя
누나/언니	쎄쓰뜨라 сестра	이모부	다댜 дядя
남동생	브라띠씨까 братишка	며느리	네베쓰뜨까 невестка
여동생	쎄쓰뜨련까 сестренка	사위	쨔뜨 зять
아들	쓴 сын	조카	쁠레만닉 племянник
딸	또찌 дочь	손자·손녀	브눅/ 브누쯔까 внук / внучка

기본적으로 자주 쓰이는 색깔 및 방향을 알아
두자!

색깔
방향

색깔	쯔벳 цвет	동	버쓰똑 восток
빨간색	그라쓰느이 красный	서	자바드 запад
파랑색	씨니이 синий	남	육 юг
노랑색	젤뜨이 желтый	북	쎄베르 север
초록색	젤려느이 зеленый	위	쓰베르후 сверху
오렌지색	아란제브이 оранжевый	아래	쓰니주 снизу
검정색	체르느이 черный	왼쪽	쓸레바 слева
하얀색	벨르이 белый	오른쪽	쓰브라바 справа
금색	잘라띠쓰뜨이 золотистый	앞	페레드 перед
은색	세레브리스띠 серебристый	뒤	자드니이 задний
회색	쎼르이 серый	옆	복 бок

인칭 대명사

사람을 대신해서 가리키는 말을 인칭대명사라고 한다. **Вы**^비는 존칭이고, **Мы**^미는 복수를 나타내는 대명사이다.

	단 수		복 수	
제1인칭	^야**Я**	나	^미**Мы**	우리들
제2인칭	^띠**Ты**	너	^비**Вы**	너희들
	^비**Вы**	당신		
제3인칭	^온**Он**	그	^{아니}**Они**	그들 그녀들
	^{아나}**Она**	그녀		
	^{에따}**Это**	그것	^{에띠}**Эти**	그것들

본문

🔍 출국순서(공항)

터미널 도착	여객터미널 3층으로 와서 가까운 출입구 (1~14번)로 들어간다.
탑승수속 및 수하물 위탁	여권, 항공권을 가지고 해당 항공사 데스크로 간다. 수하물이 있으면 위탁하고 Claim Tag수하물표와 Boarding pass 탑승권을 받는다.
세관신고	귀중품과 고가품은 반드시 세관에 신고하고 휴대품 반출 확인서를 받아야 귀국 시 세금을 면제받는다.
보안검색	수하물과 몸에 X선을 비춰 금속류와 흉기를 검사한다. 필름은 손상되지 않는다.
출국심사	여권과 탑승권을 제시한다. 여권에 출국 확인을 받고 돌려 받은 후 출국 심사대를 통과한다.
탑승대기	Duty free shop 면세점을 이용할 수 있고 출발 30분 전까지 해당 Gate 탑승구 앞으로 가서 기다리면 된다.

🦁 액체·젤류의 휴대반입 제한

액체·젤류의 휴대반입 가능물품 안내 ※ 아래 조건을 모두 만족해야 함.

- **내용물 용량 한도: 용기 1개당 100㎖ 이하, 총량 1ℓ**
- **휴대 기내반입 조건**
  - ▸ 1ℓ규격의 투명 지퍼락 Zipper lock 비닐봉투 안에 용기 보관
  - ▸ 투명지퍼락 봉투크기 : 약20cm × 약20cm 에 담겨 지퍼가 잠겨있어야 함
  - ▸ 승객 1인당 1ℓ이하의 투명 지퍼락 봉투는 1개만 허용
  - ▸ 보안검색대에서 X-ray 검색을 실시

★ 반입가능

| 45㎖ 용기의 헤어 스프레이 | 50㎖ 용기의 구강청정제 | 75㎖ 용기의 핸드크림 | 100㎖ 용기의 치약 | 100㎖ 용기의 젤류 음료 |

★ 반입불가

| 142㎖ 용기의 헤어 스프레이 | 250㎖ 용기의 구강청정제 | 125㎖ 용기의 베이비 로션 | 130㎖ 용기의 치약 | 120㎖ 용기의 음료 |

면세점 구입 물품 ※ 아래 조건을 모두 만족해야 함.

보안검색대 통과 후 또는 시내 면세점에서 구입 후 공항 면세점에서 전달 받은 주류, 화장품등의 액체, 젤류는 아래 조건을 준수하는 경우 반입가능

- 투명 봉인봉투 또는 훼손탐지가능봉투 STEB:Security Tamper Evident Bag로 포장
- 투명 봉인봉투는 최종 목적지행 항공기 탑승 전에 개봉되었거나 훼손 되었을 경우 반입금지
- 면세품 구입당시 교부받은 영수증이 훼손탐지가능봉투 안에 동봉 또는 부착된 경우에 한하여 용량에 관계없이 반입가능

  ※ 투명 봉인봉투는 면세점에서 물품구입 시 제공되므로 별도준비 불필요
  ※ 예외사항 – 항공여행 중 승객이 사용할 분량의 의약품 또는 유아 승객 동반한 경우 유아용 음식물(우유, 물 등)의 액체, 젤류는 반입가능

출국

출국하기 2시간 전에 공항에 도착하여 탑승 수속을
마친다. 서울에서 모스크바까지는 국내 항공사로

자주 쓰이는 표현_1

• 안녕하세요? 항공권 매표소입니다.

쓰드라스트부이떼, 아비아가쓰아

Здравствуйте, авиакасса.

···▶ 항공권을 예약하고 싶습니다.

하쭈 자브라니라바쯔 빌롓

Хочу забронировать билет.

바꿔 말하기

아뜨메니띠 브라니러바니에
• 예약을 취소하다   **отменить бронирование**

뻬레브라베리쯔 브라니러비니에
• 예약을 재확인하다   **перепроверить бронирование**

9시간 정도 걸리고, 러시아항공사로 약 9시간 30분 정도 소요된다.

자주 쓰이는 표현_2

• 제 자리는 어디입니까?

그데 마여 메쓰떠

Где мое место?

···▶ <u>이쪽</u>에 있습니다.

<u>즈데쓰</u>

Здесь.

바꿔 말하기

• 뒤쪽 **сзади** 즈싸디

• 창문쪽 **возле окна**

• 복도쪽 **возле прохода**

• 앞쪽 **впереди** 브베레디

보즐레 아그나

보즐레 브러호다

유용한 표현

▶ 탑승권을 보여주십시오.

바가지쩨 빌렛 바잘루이쓰따
Покажите билет, пожалуйста.

▼ 이 좌석번호는 어디입니까?

그데 나허디뜨쌰 에또 메쓰떠
Где находиться это место?

▶ 손님 좌석은 B-25번입니다.

바쎼 메쓰떠 비 드바짜뜨 뱌뜨
Ваше место B-25.

▶ 비행기가 곧 이륙하겠습니다.

사마려뜨 까더비뜨쌰 그 브질려뚜
Самолет готовиться к взлету.

▶ 안전벨트를 잘 매어주십시오.

쁘리쓰띡니떼 레멘 베저바쓰떠나쓰띠
Пристегните ремень безопасности

▼ 짐을 어디에 둘까요?

구다 발로지뜨 바가즈
Куда положить багаж?

▶ 여기에 두십시오.

쓔다 발러지떼
Сюда положите.

▼ 언제쯤 모스크바에 도착합니까?

고그다 쁘릴레따엠 브 모스크부
Когда прилетаем в Москву?

▶ 곧 모스크바 세레메체보공항에 도착하겠습니다.

스고라 브리젬림쓰야 브 아에로보르뜨 세레메체바 브 모스크베
Скоро приземлимся в аэропорту Шереметьево в Москве.

▼ 지금은 모스크바시간으로 몇 시입니까?

스콜고 쎄짜쓰 짜소브 버 모스코브스고무 브레메니
Сколько сейчас часов по Московскому времени?

출국

국내 항공사나 러시아 민항이나 모두 승무원이 있으므로 언제든지 도움을 청할 수 있으므로 언어상의 어려움은 크게 없다.

자주 쓰이는 표현_1

- 음료수는 무엇으로 하시겠습니까?

  쯔또 브 부데떼 비띠
  ### Что вы будете пить?

···▶ 물 주십시오.

  다이떼 버두
  ### Дайте воду.

바꿔 말하기

- **포도주** вино   비노
- **커피** кофе   커페
- **쥬스** сок   속
- **콜라** кока-кола 코가콜라

자주 쓰이는 표현_2

• 어디가 아프십니까?

그데 우 바스 벌릿

Где у вас болит?

⋯▶ 머리가 아픕니다.

골로바 보릿

Голова болит.

바꿔 말하기

• 배	живот	지벗
• 이빨	зуб	주브

• 허리	поясница	보야쓰니짜
• 눈	глаза	글라자

유용한 표현

▼ 여보세요. 여성 남성 승무원 상관없음

이즈비니떼
Извините.

▼ 물 한 잔 주세요.

다이떼 쓰타칸 바드, 보잘루이쓰따
Дайте стакан воды, пожалуйста.

▼ 점심식사(아침, 저녁)로 뭐가 나옵니까?

쯔또 나 오베드 (자브뜨락, 우진)
Что на обед(завтрак, ужин)?

▶ 닭고기, 생선요리, 야채 등입니다.

구리짜, 르바, 어버씨
Курица, рыба, овощи.

▼ 화장실이 어디입니까?

그데 즈데쓰 뚜알렛
Где здесь туалет?

▼ 몸이 조금 불편합니다.

므네 네허라쑈
Мне нехорошо.

▼ 약 좀 주세요.

다이떼 레가르쓰뜨바, 보잘루이쓰따
Дайте лекарство, пожалуйста.

▼ 향수 있습니까?

우 바스 에쓰띠 바르퓸
У вас есть парфюм?

▼ 달러로 지불해도 될까요?

모즈나 아블라띠띠 돌라라미
Можно ли оплатить долларами?

▶ 더 필요한 것이 있습니까?

밤 예쎠 쯔또 니부디 누즈너
Вам еще что нибудь нужно?

유용한 표현

▶ 입국 카드를 작성해 주십시오.

보잘루이쓰따 자벌니떼 블란구 들랴 브예쯔다
Пожалуйста, заполните бланку для вьезда.

▶ 입국 수속을 할 때 제출하십시오.

스다이떼 블란구, 가그다 부데떼 브라하디띠 임미그라찌언느이 간트롤
Сдайте бланку, когда будете проходить
иммиграционный контроль

▼ 의자를 뒤로 젖혀도 됩니까?

마구 리 야 아뜨기누띠 쓰빈구 쓰툴라
Могу ли я откинуть спинку стула?

▶ 네, 하십시오.

다, 고네쯔노
Да, конечно.

▼ 이 헤드폰은 어떻게 사용합니까?

각 본즈바쯔쌰 에티미 나우씨니가미
Как пользоваться этими наушниками?

▶ 이쪽으로 당기세요.

보따니떼 즈데쓰
Потяните здесь.

▼ 담배를 펴도 되겠습니까?

즈데쓰 모즈나 구리띠
Здесь можно курить?

▶ 죄송합니다, 여기선 담배를 필 수가 없습니다.

이즈비니떼, 즈데쓰 넬쟈 구리띠
Извините, здесь нельзя курить.

▶ 커피 드시겠습니까?

하띠떼 커페
Хотите кофе?

▼ 한국 신문 있습니까?

예쓰뜨 가제뜨 나 가레이쓰콤 야즈께
Есть газеты на корейском языке?

도움이 되는 **활용어휘**

- 예약   **бронирование**   브러니러바니예
- 출발   **отправляться**   아뜨프라블럇씨야
- 도착   **прибытие**   쁘리브띠예
- 정기편   **регулярный рейс**   레굴랴르느이 레이쓰
- 특별기편   **специальный рейс**   쓰베쓰알느이 레이쓰
- 좌석번호   **номер сиденье**   노메르 쓰데니에
- 항공권   **авиабилет**   아비아빌렛
- 탑승권   **посадочный талон**   바싸다쯔느이 탈론
- 금연석   **салон для некурящих**   살론 들랴 네구랴씨흐
- 흡연석   **салон для курящих**   살론 들랴 구랴씨흐
- 수하물   **багаж**   바가즈
- 수하물표   **багажная квитанция**   바가즈나야 그비딴찌야
- 승무원   **экипаж**   에기바즈
- 스튜어디스   **стюардесса**   여성 쓰튜아르데싸

탑승

- 안전벨트 ремень безопасности 레메니 베자바스탄노쓰띠
- 구명조끼 спасательный жилет 쓰빠사텔느이 질롓
- 비상구 аварийный выход 아바르이늬 브하드
- 헤드폰 наушкики 나우씨니끼
- 채널 канал 카날
- 라디오 радио 라디오
- 화장실 туалет 뚜알롓
- 비어 있는 незанятый 네자냐뜨이
- 사용 중 занятый 자냐뜨이

도움이 되는 **활용어휘**

- 기내서비스 **сервис на борту** 세리비쓰 나 바르뚜
- 식사 **еда** 예다
- 생선 **рыба** 르바
- 치킨 **курица** 구리짜
- 배고픈 **голодный (голодная)** 골로드늬 (여성 골로드나야)
- 목마른 **жажда** 자즈다
- 음료수 **напиток** 나피톡
- 맥주 **пиво** 피바
- 콜라 **кока-кола** 코가-콜라
- 커피 **кофе** 커페
- 쥬스 **сок** 속
- 차 **чай** 차이
- 포도주 **вино** 비노

기내서비스

- 위스키 **виски** 위스키
- 술 **водка** 보드까
- 물 **вода** 바다
- 면세품판매 **безпошлинная продажа** 베즈보씰리나야 브라다자
- 신문 **газета** 가제타
- 잡지 **журнал** 주르날
- 담요 **одеяло** 아데얄라
- 베개 **подушка** 바두씨까
- 약 **лекарство** 레가르스뜨바

출국

탑승
기내
서비스
활용
어휘

입 국

2014년부터 한국과 러시아간 비자면제제도가 적용되어 6개월에 한번 60일동안 무비자로 러시아를 방문할 수 있다. 비행기로 갈 때는 기내에서 입국심사 카드를 나누어주는데 해당 사항을 영어나 러시아어로 기입한다.

📷 입국순서

입국심사	입국카드와 여권을 카운터에 제출한다.

▼

수하물	자기가 타고 온 비행기 편명이 쓰인 곳에서 자신을 수하물을 찾는다.

▼

세관신고	세관 신고 시 신고할 것이 있는지의 유무와 동식물의 유무를 묻는다. 신고할 것이 없으면 녹색선 쪽으로 통과한다.

🚂 러시아의 면세범위

- 담배　　　　1보루
- 술　　　　　알코올 18살 이상 3리터 이하
- 전자제품　　카메라, 비디오카메라, 카세트, 휴대용
　　　　　　　컴퓨터 등 기타 여행 중 사용이 필요한 물품
- 면세 한도액　1,000 Euro

🚂 환전

- 화폐

  러시아에서 사용하는 화폐는 **рубль**루블이다. 동전은
  копейка카페이카 라고 부른다.

  지폐: 5,000, 1,000, 500, 100, 50, 10루블

  동전: 1, 2, 5, 10루블

  > 1달러=65루블 2016.9월 기준

- 환전

  환전은 공항, 은행, 호텔 등에서 가능하며 환율은 각
  기관이나 장소에 따라서 조금씩 다르므로, 환율이 유리한
  곳에서 환전하는 것이 좋다.

입국

입국심사시 대부분 질문없이 입국스탬프를 찍어 주지만 간혹 물어보는 것은 체류일, 체류 목적, 체류지를 물어보고

자주 쓰이는 표현_1

- <u>여권을</u> 보여 주십시오.

  보까지떼 <u>파스퍼르뜨</u>

  Покажите паспорт.

···▶ 여기 있습니다.

  즈데쓰

  Здесь.

바꿔 말하기

- 탑승권 **посадочный талон** 보싸다즈느이 탈론
- 항공권 **авиабилет** 아비아빌렛

돌아갈 항공권의 유무를 물을 때도 있다.

자주 쓰이는 표현_2

- 입국 목적은 무엇입니까?

  바쎄거 브리에쯔다

  Цель вашего приезда?

⋯ 관광/여행입니다.

  투리즘

  Туризм.

입국

입국
심사
수하물
세관
환전
활용
어휘

바꿔 말하기

- **여행** путешествие   부떼셰쓰트비에
- **친척방문** визит родственников   비짓 로드쓰트벤니고브
- **회의** конференция   칸베렌쯔야
- **사업** бизнес 비지네쓰   • **공부** учеба 우체바

입국

자주 쓰이는 표현_3

• 며칠이나 머물 예정입니까?

쓰콜고 브레메니 브라부데떼

Сколько времени пробудете?

···▶ 약 일주일이요.

오컬로 네델리

Около недели.

바꿔 말하기

• 3일	три дня	트리 드냐
• 열흘 정도	десять дней	데쌰 드네이
• 2주일	две недели	드베 네델리

자주 쓰이는 표현_4

입국

입국
심사
수하물
세관
환전
활용
어휘

- 어디에 묵습니까?

  그데 아스타나비쩨쓰

  Где остановитесь?

····▸ 메트로 폴 호텔에 묵습니다.

  아쓰타나블류쓰 브 아텔레 메트로 폴

  Остановлюсь в отеле Метрополь.

바꿔 말하기

- **친구집에**   у друзей   우 드루제이

- **이 주소에**   по этому адресу   퍼 에톰무 아드레쑤

                                   브 아브셰즈티이 우니베르쓰테따
- **대학 기숙사에** в общежитии университета

유용한 표현

▶ 여권을 보여 주십시오.

보까지떼 파쓰퍼르트
Покажите паспорт.

▼ 여기 있습니다.

즈데쓰
Здесь.

▶ 러시아에 처음 오십니까?

베르브이 라즈 브 라씨에
Первый раз в России?

▼ 그렇습니다.

다
Да.

▶ 어느 나라에서 오셨습니까?

아뜨구다 브 브리에할리
Откуда вы приехали?

▼ 한국에서 왔습니다.

이즈 유즈너이 가레이
Из Южной Кореи.

▶ 단체입니까, 개인입니까?

브 부띠쌔쓰트부이떼 스 그룹버이 일리 아딘
Вы путешествуете с группой или один?

▼ 개인여행입니다.

부띠쌔쓰트부유 아딘
Путешествую один.

▶ 여행 오셨습니까?

브 브리에할리 나 오드흐
Вы приехали на отдых?

▼ 아닙니다. 출장 왔습니다.

넷.   나 가만디러브꾸
Нет. На командировку.

입국

입국 수속을 마친 후 자신이 타고 온 항공사의 비행기 편명이
적혀 있는 곳에서 자신의 수하물을 찾는다. 수하물이 보이지

자주 쓰이는 표현_1

- 짐차(카트)가 어디에 있습니까?

  그데 나호디트쌰 빠사지르스카야 텔레즈카

  **Где находиться
  пассажирская тележка?**

···› 저쪽에 있습니다.

  번 탐

  Вон там.

바꿔 말하기

- 안쪽 **внутри** 브누트리
- 바깥쪽 **снаружи** 쓰나루제
- 오른쪽 **справа** 쓰쁘라바
- 왼쪽 **слева** 쓸레바

않으면 직원에게 수하물표를 보인 후 도움을 청한다.

🐸 자주 쓰이는 표현_2

• 어디에서 짐을 찾습니까?

그데 야 마구 나이띠 스버이 바가즈

Где я могу найти свой багаж?

⋯▸ 저쪽에 있습니다.

번 탐

Вон там.

바꿔 말하기

인바르마찌언느이 쩬뜨르
• 안내소　**информационный центр**

• 만남의 장소 **место встречи**　메쓰타 브쓰뜨레치

유용한 표현

▼ 말씀 좀 묻겠습니다. 어디에서 짐을 찾습니까?

이즈비니떼, 그데 야 마구 나이띠 쓰버이 바가즈
Извините, где я могу найти свой багаж?

▶ 저쪽입니다.

번 탐
Вон там.

▼ 그런데 제 짐이 없습니다.

즈데쓰 넷 마에고 바가자
Здесь нет моего багажа.

▶ 편명을 말씀해 주십시오.

니쓰가지떼 노메르 레이싸
Скажите свой номер рейса.

▼ KA716편입니다.

KA 셈솟 쎼쓰낟싸띠
KA семьсот шестнадцать

초보여행자도 한번에 찾는다

▼ 이것이 제 수하물표입니다.

에따 그비딴씨야 마에고 바가자
Это квитанция моего багажа.

▶ 수하물이 어떤 모양입니까?

가거버 쯔베따 바쉬 체마단
Какого цвета ваш чемодан?

▼ 비교적 큰 검은색 트렁크입니다.

볼쇼이 체르느이 체마단
Большой чёрный чемодан.

▼ 지금 바로 알아봐 주십시오.

모제떼 쎄이차쓰 우즈나띠
Можете сейчас узнать.

▼ 찾으면 바로 호텔로 보내 주십시오.

각 나이데떼, 오트프라비떼 즈라주 브 아텔, 포잘루이쓰따
Как найдёте, отправьте сразу в отель,
пожалуйста.

입국

입국심사를 마치고 수하물을 찾은 후에, 신고할 물건이 있을 경우에는 세관신고서를 작성하여 담당세관원에게 제출한다.

자주 쓰이는 표현_1

> • 신고할 물건이 있습니까?
> 예쓰띠 리 우 바쓰 베씨, 카터르예 하디떼 자야비띠
> **Есть ли у вас вещи,
> которые хотите заявить?**
>
> ⋯▸ 없습니다.
> 녯
> **Нет.**

바꿔 말하기

- **동물**　ЖИВОТНОЕ　지벗너예
- **식물**　растение　라쓰데니에

자주 쓰이는 표현_2

> • 이것은 무엇입니까?
>
> 쯔또 에따
>
> # Что это?

> ⋯▸ 이것은 제 개인용품입니다.
>
> 에떠 마이 리쯔느에 베씨
>
> # Это мои личные вещи.

바꿔 말하기

- **선물** **подарок** 파다락
- **약** **лекарство** 레가르쓰뜨바
- **한국음식** **корейская еда** 카레이쓰카야 예다
- **화장품** **косметика** 카쓰메띠까

유용한 표현

▶ 신고할 물건이 있습니까?

예쓰띠 리 우 바스 베씨, 카터르예 하디떼 자야비띠

Есть ли у вас вещи, которые хотите заявить?

▼ 없습니다.

넷

Нет.

▶ 안에 무엇이 있습니까?

쯔또 브눗리

Что внутри?

▼ 전부 옷하고 제 개인용품입니다.

마이 아데즈드 이 리쯔느예 베씨

Мои одежды и личные вещи.

▶ 이 가방을 열어 보십시오.

아뜨그러이떼 에뚜 숨꾸

Откройте эту сумку.

▶ 짐이 더 있습니까?

예쓰띠 우 바스 예쇼 베씨

Есть ли у вас еще вещи?

▶ 이 물건은 관세를 물어야 합니다.

브 달즈느 자블라띠쯔 나럭 자 예덧 타바르

Вы должны заплатить налог за этот товар.

▶ 출국 때까지 잘 보관하십시오.

아쓰다브떼 브 가메루 흐라네니야 더 블레따

Оставьте в камеру хранения до вылета.

▶ 돈은 얼마나 가지고 있습니까?

쓰콜고 우 바스 날리쯔느흐 데넥

Сколько у вас наличных денег?

▼ 500달러를 가지고 있습니다.

빠띠솟 덜라러브

Пятьсот долларов.

입국

출발하기 전에 한국에서 달러 또는 유로(Euro)로 미리
환전을 하고 러시아에 도착한 다음에는 호텔이나 은행에서

자주 쓰이는 표현_1

- 어서 오십시오.

  다브러 보잘러바띠

  ### Добро пожаловать.

···▸ 달러를 루블로 바꾸고 싶습니다.

  하쭈 아브멘냐띠 덜라르 나 루블

  ### Хочу обменять доллары на рубль.

바꿔 말하기

- 원화   вона   버나

- 유로(Euro)   евро   에브러

68
초보여행자도 한번에 찾는다

루블로 환전 하는 것이 좋다.

자주 쓰이는 표현_2

• 얼마를 바꾸실 겁니까?

쓰꼴고 브 하띠떼 바메냐띠

Сколько вы хотите поменять?

⋯› 500달러를 바꾸려고 합니다.

빠띠솟 덜라로브

Пятьсот долларов.

바꿔 말하기

• 1,000	тысяча	띠사챠
• 300	триста	뜨리스따

유용한 표현

▼ 어디에서 환전을 합니까?

그데 모즈나 아브멘냐띠 덴기
Где можно обменять деньги?

▶ 2층에 은행이 있습니다.

나 브터럼 에타쩨 예쓰띠 반크
На втором этаже есть банк.

▼ 환전을 하려고 합니다.

하쭈 아브멘냐띠
Хочу обменять.

▶ 어떤 외화를 가지고 계십니까?

가가야 발류타 우 바스 이메옛쌰
Какая валюта у вас имеется?

▼ 달러입니다.

덜라르
Доллар.

▶ 얼마나 바꾸시겠습니까?

스콜고 하띠떼 바메냐뜨
Сколько хотите поменять?

▼ 100달러입니다.

쓰또 덜라로브
Сто долларов.

▶ 먼저 환전표를 적어 주십시오.

뽀잘루이쓰타 자뽈니떼 블란크
Пожалуйста, заполните бланк.

▼ 오늘은 환율이 어떻게 됩니까?

가고이 세버드냐 쿠르쓰
Какой сегодня курс?

▶ 100달러에 7,000 루블입니다.

쎔 띠샤츠 루블레이 나 쓰또 덜라로브
Семь тысяч рублей на сто долларов.

입국

입국
심사
수하물
세관
환전
활용
어휘

도움이 되는 **활용어휘**

- 입국관리　　**иммиграционный центр**
  <small>이미그라찌어늬 쩨느트르</small>

- 입국심사　　**иммиграционный контроль**
  <small>이미그라찌어늬 코느트롤</small>

- 검역　　**карантин**　<small>카란틴</small>

- 여권　　**паспорт**　<small>바쓰버르트</small>

- 비자　　**виза**　<small>비자</small>

- 여행객　　**турист**　<small>투리쓰뜨</small>

- 외국인　　**иностранец**　<small>이나쓰트라녜쯔</small>

- 입국카드　　**иммиграционная карточка**
  <small>이미그라찌어나야 카르토쯔까</small>

- 이름　　**имя**　<small>이먀</small>

- 국적　　**национальность**　<small>나지어날나쓰띠</small>

- 생년월일　　**день рождения**　<small>덴 라즈데니야</small>

- 나이　　**возраст**　<small>버즈라쓰뜨</small>

- 성별　　**пол**　<small>벌</small>

- 남/여　　**муж/жен**　<small>무즈/젠</small>

입국심사

- 직업   **профессия** 프러뻬씨야

- 주소   **адрес** 아드레쓰

- 본적   **место проживания** 메스타 프러지바니야

- 기혼   _{제낫} **женат** 남성 / _{자무젬} **замужем** 여성

- 미혼   _{네 제나뜨} **не женат** 남성 / _{네 자무젬} **не замужем** 여성

- 여권번호   **номер паспорта** 노메르 바쓰버르타

- 출발지   **место отправки** 메스타 아뜨브랍기

- 여행목적   **место пребывания** 메스타 프리브바니야

입국

입국
심사

수하물

세관

환전

활용
어휘

도움이 되는 **활용어휘**

- 세관   **таможня**   타모지냐

- 관세   **тариф**   타리프

- 세관신고서   타모제니야 데글라라찌야   **таможенная декларация**

- 외환신고서   바룟나야 데글라라치야   **валютная декларация**

- 현금   **наличные**   날리츠느에

- 면세품   베즈보씨린늬 타바르   **беспошлинный товар**

- 술   **водка**   보드카

- 담배   **сигареты**   씨가레뜨

- 향수   **духи**   두히

- 선물   **подарок**   바다락

- 개인용품   **личные вещи**   리쯔느에 베씨

- 한국음식   **корейская еда**   까레이쓰카야 예다

세관

- 동물   **животное**   지벗너예

- 식물   **растение**   라쓰떼니예

- 반입금지품   타바르 자쁘레쎤느예 들랴 뻐자
товары запрещенные для ввоза

- 카메라   **фотоапарат**   퍼터아파라트

- 비디오   **видео**   비디어

- TV   **телевизор**   텔레비저르

- 비디오카메라   **видеокамера**   비데어카메라

- 책   **книга**   크니가

입국

입국
심사

수하물

세관

환전

활용
어휘

도움이 되는 **활용어휘**

- 은행   **банк** _{반크}

- 환전   **обмен валюты**   아브멘 발릇

- 외화   이나쓰뜨란나야 바류타
  иностранная валюта

- 외환신고서   바룻나야 데클라라지야
  валютная декларация

- 환전소   아브멘 바룻/아브멘카
  обмен валют/обменка

- 환전표   **бланк** _{블란크}

- 환율   **курс валют**   쿠르쓰 바룻

- 여행자 수표   **дорожный чек**   다러지늬 첵

- 한화   **вона** _{버나}

- 루블   **рубль** _{루블}

- 달러   **доллар** _{덜라르}

- 유로   **евро** _{예브러}

- 파운드   **фунд** _{푼드}

환전

- 수표　　　**чек** 체크
- 지폐　　　**банкнота** 반크너타
- 동전　　　**копейка** 카페이카
- 잔돈　　　**мелочь** 멜로치
- 10루블　　**десять рубль** 데샤띠 루블
- 100루블　**сто рублей** 쓰또 루블레이
- 1,000루블　**тысяча рублей** 띠샤차 루블레이

교 통

광대한 국토를 가지고 있는 러시아를 여행할 때는 도시와
도시간 철도를 가장 많이 이용한다. 제일 빠른 운행방법은 물론
비행기이다. 수도인 모스크바와 상트페테르부르크를 포함한 7개
도시에 지하철이 있고 버스와 택시도 많이 이용한다.

✈ 비행기 самолет 사말럇

15개의 항공사가 국제선을 운행하며
각 주요도시 및 지방 전체적으로
포함해서 329개 공항이 있다. 모스크바에서 멀리
떨어져 있는 도시를 여행하려면 비행기를 이용하는 것이 좋다.
러시아의 제일 큰 항공사는 **Аэрофлот** 아에로플러트이다.

- **주요 러시아 항공사**

  - **Аэрофлот**   Aeroflot   아에로플로트 러시아항공
  - **Трансаэро**   Transaero   트란스아예로
  - **Ютейр**   UTair   유테이르
  - **Эс 7 Эйрлайнс**   C7 Airlines   에스 쎔 에이르라이느스
  - **Уральские авиалинии**
                Ural Airlines   우랄스키예 아비아리니이

🚍 버스 автобус 아브터부스

우리 나라의 버스와 같은
것으로 일정한 노선을
운행한다.

🚃 전차(트람바이) трамвай 뜨람바이

과거 우리 나라의 전차와 같은
것으로 레일이 깔려 있으며,
전기선을 타고 움직인다.

🚎 전기버스 троллейбус 트랄레이부스

트람바이와 거의 비슷하지만
레일이 없으며, 전기선을 타고
움직이는 것을 제외하면 버스와
비슷하다.

🚇 지하철 метро 메트로

러시아의 지하철은 편리하고 아름답기로 유명하다.
1935년에 처음 개통되었으며 총 11개 노선이
운행되고 있다. 러시아의 모든
지하철역에는 에스컬레이터가
설치되어 있는데, 길이가 짧은
것은 50m에서 긴 것은 200m가
넘을 정도로 길고 속도 또한 매우

빠르다. 또한 역사마다 벽화나 조각품, 천장화로 화려하고
아름답게 장식해 러시아의 예술성을 엿볼 수 있다.

🚖 택시 такси 탁시

과거에는 우리 나라와 같이 미터 택시가 운행되었으나, 현재는
일반 자가용 소지자가 내·외국인들을 상대로 택시 영업을
하고 있으며, 요금은 손님과 택시 운전사의 계약에 의해서
정해지므로 그 금액은 천차 만별이다.

🚄 기차 поезд 퍼에즈드

러시아의 기차 종류는 일반 기차, 고속열차로 구별 된다. 고속열차는 주로 대도시의 역에서만 정차한다. 좌석은 침대인가 의자인가, 딱딱한지 부드러운지 그리고 한 쿠페에 몇 명인지에 따라 구분되며 가격 또한 다르다.

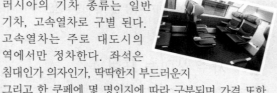

- **좌석의 종류**

  ▶ CV (A)   부드러운 침대로 열차의 여러 가지 좌석 중에서 가장 비싸다. 2인 1실의 구조이며 개인용품이 준비되어 있다.

  ▶ CBM (M)   부드러운 침대로 2인 또는 4인 1 실

  ▶ M   딱딱한 의자 종류, 4인 1실

  ▶ KB   쿠페·식당과 같이 있는 좌석

교통

이용하는 항공사에 따라 도착하는 공항이 다를 수 있다.
공항에서 호텔까지 가장 편리한 이동수단은 택시이다.

자주 쓰이는 표현_1

- 실례지만, 세레메체보 공항에서 호텔까지 어떻게 갑니까?

  이즈비니떼, 깍 프라이띠 아트 <u>아에러퍼르타 세레메체보</u> 더 아텔랴?

  **Извините, как пройти от
  аэропорта Шереметьево до отеля?**

···› 지도를 그려 드리겠습니다.

  야 밤 나리수유 카르뚜

  Я вам нарисую карту.

바꿔 말하기

- 도모데도보 공항

  아에러퍼르타 도모데도보

  аэропорт Домодедово

- 브누코보 공항

  아에러퍼르타 브누코보

  аэроорт Внуково

택시 외에 버스나 지하철을 이용할 수 있는데 이 때에는 숙소 근처의 가장 가까운 지하철역이나 정류장을 잘 알아두어야 한다.

 `자주 쓰이는 표현_2`

- 여기에서 <u>은행</u>이 멉니까?

  달레고 리 아뜨쓔다 반크

  Далеко ли отсюда банк?

⋯▶ 그다지 멀지 않습니다.

  넷, 네달레고

  Нет, недалеко.

바꿔 말하기

• 한국대사관

바쏠리쓰뜨바 유즈너의 카레이

посольство Южной Кореи

▼ 실례지만, 볼쇼이 극장까지 지하철로 어떻게 갈 수 있습니까?

이즈비니쩨, 각 다에하띠 더 볼쇼바 테아트라 나 메트로

Извините, как доехать до Большого театра на метро?

▶ 녹색선을 타고 가시는 게 빠를 겁니다.

싸디쩨씨 나 젤려누유 베트구, 딱 브스트레에 다예디쩨

Садитесь на зеленую ветку, так быстрее доедете.

▼ 여기에서 먼가요?

달레고 아트쓔다

Далеко отсюда?

▶ 그다지 멀지 않습니다.

넷, 네달레거

Нет, недалеко.

▼ 걸어갑니까, 아니면 차를 탑니까?

모즈나 다이띠 볘씨콤 일리 누즈너 파이마뜨 마씨누

Можно дойти пешком или нужно поймать машину?

▶ 걸어서 15분이면 됩니다.

베씨콤 비뜨나즈트 미눗
Пешком пятнадцать минут.

▼ 시장은 어디에 있습니까?

그데 즈데쓰 르넉
Где здесь рынок?

▼ 여기는 어디입니까?

네 바드쓰가지떼, 그데 에더 메쓰다
Не подскажите, где это место?

▼ 길을 잃었습니다.

야 파떼랼라 다러구
Я потеряла дорогу.

▶ 저와 함께 가시죠.

바이뎜떼 자 므너의
Пойдемте со мной.

교통

길묻기
버스
지하철
택시
자전거
기차
활용
어휘

교통

버스에는 일반 시내버스, 트롤리버스, 미니버스(마르쉬루트가)
등 여러가지 종류의 버스가 있다. 요금은 버스의 종류와
구간에 따라 차이가 있고 안내원이 있어서 승객에게 요금

자주 쓰이는 표현_1

- 여기 119번 버스가 있습니까?

  즈데쓰 허디뜨 쓰또 데뱌뜨나자드 아브떠부스

  Здесь ХОДИТ 119 **автобус?**

···▸ 있습니다. / 없습니다.

다 / 녯

Да / Нет.

바꿔 말하기

- 크렘린에 가는   **едет в Кремль** 예뎃 브 크레믈

- 관광   **туристический** 투리쓰띠체스키의

을 알려주고 받거나 지하철이나 정류장 근처에서 교통카드를 사서 사용하면 된다. 대도시에는 버스, 트롤리버스, 지하철 등을 다 같이 이용할 수 있는 교통카드를 구할 수 있다.

자주 쓰이는 표현_2

- <u>모스크바 주립 대학교</u>에 가려면 몇 번 버스를 탑니까?

  가고이 아브떠부스 예뎻 더 <u>마스코브스거버 가수다르스트 벤너거 우니베르시떼따(엠그우)</u>

  Какой автобус едет до <u>Московского Государственного Университета (МГУ)</u>?

··· 119번을 타세요.

  싸디떼쓰 나 쓰또 데뱌뜨나자디 아브떠부스

  Садитесь на 119 автобус.

바꿔 말하기

- **미술관**

  후더제스뜨번나야 갈레래야
  художественная галарея

- **우스펜스키 사원**

  우스벤스키의 서버르
  Успенский собор

유용한 표현

▼ 버스 정류장이 어디입니까?

그데 나허디뜨샤 아브더부스나야 아스따너브카

Где находиться автобусная остановка?

▼ 버스를 타려고 합니다.

하쭈 쎄쓰띠 나 아브떠부스

Хочу сесть на автобус.

▼ 붉은 광장에 가려면 어디에서 내려야 합니까?

그데 누즈나 브이띠 쯔떠브 다이띠 더 크라스너의 플러쌰디

Где нужно выйти, чтобы дойти до Красной площади?

▶ 다음 정류장에서 내리세요.

브하디떼 나 쓸레두유쌔이 아쓰타넙게

Выходите на следующей остановке.

▼ 비켜주세요.

모제떼 아타이띠

Можете отойти.

▼ 이 버스가 동물원에 갑니까?

에땃 아브터부스 예뎃 더 저어파르카
Этот автобус едет до зоопарка?

▶ 갑니다. / 가지 않습니다.

예뎃 / 네 예뎃
Едет. / не едет.

교통

길묻기
버스
지하철
택시
자전거
기차
활용
어휘

▼ 동물원까지 몇 정거장이나 남았습니까?

쓰콜고 아쓰타노복 아쓰탈라쓰 더 저어파르카
Сколько остановок осталось до зоопарка?

▶ 아직 몇 정거장 남았습니다.

예쎠 네스콜고
Еще несколько.

▼ 도착하면 말씀해 주십시오.

쓰카지떼, 빠잘루이쓰따, 가그다 프리에뎀
Скажите, пожалуйста, когда приедем.

교통

모스크바는 지하철 노선이 많이 복잡하니 미리 지하철 노선도를 사 놓는 것이 바람직하다. 모스크바나 다른 대도시를

📷 〉자주 쓰이는 표현_1 〈

- 크렘린까지 얼마나 걸립니까?
  스콜고 브레메니 자이멧 더 크렘랴
  ### Сколько времени займет до Кремля?

···▶ 20분이면 충분합니다.
  드바자뜨 미눗 다쓰따떠즈나
  ### 20 минут достаточно.

바꿔 말하기

- 붉은 광장
  크라스나야 플러샤디
  Красная площадь

- 트레티야코프 미술관
  트레티야코프스카야 갈레레야
  Третьяковская галерея

여행할 때 택시를 타는 경우에는 길이 많이 막힐 수 있기 때문에
미리 내려야 할 역을 정해서 지하철을 타는 것이 빠를 수도 있다.

자주 쓰이는 표현_2

- 어디에서 <u>갈아탑니까?</u>

  그데 누즈너 베레싸드쿠 델라띠

  Где нужно пересадку делать?

···▶ 다음 역입니다.

  브 슬레두유씨예이 쓰딴찌이

  В следующей станции.

바꿔 말하기

- 타다 **садиться на транспорт** 싸디뜨샤 나 트란스포르뜨

- 내리다 **выйти** 브이띠

유용한 표현

▼ 어디에서 표를 삽니까?

그데 모즈나 빌렛 구피띠
Где можно билет купить?

─────────────────────────────

▶ 저쪽에 있습니다.

번 탐
Вон там.

─────────────────────────────

▼ 트레티야코프 미술관까지 얼마입니까?

쓰콜고 더 트레트야코프스커의 갈레레이
Сколько до Третьяковской галереи?

─────────────────────────────

▼ 아직 몇 정거장이 남았습니까?

스콜까 에셔 아쓰타너복 아쓰탈라쓰
Сколько еще остановок осталось?

─────────────────────────────

▼ 어디에서 내리는 것이 좋습니까?

그데 루찌쌔 브이띠
Где лучше выйти?

▼ 어디에서 갈아탑니까?

그데 누즈너 델라띠 베라쌴쿠

Где нужно делать пересадку?

▶ 루뱐카에서 갈아타십시오.

쓰델라이떼 베레쌴구 나 루비얀게

Сделайте пересадку на Лубянке.

▶ 저도 갈아타야 합니다. 저와 함께 가세요.

아 토제 델라유 베레쌴구. 바이뎀떼 사 므너의

**Я тоже делаю пересадку.
Пойдемте со мной.**

▶ 콤소몰스카야역에 곧 도착하겠습니다.

내리실 분은 미리 준비해 주시기 바랍니다.

므 파드에자옘 그 쓰탄씨이 카므사몰쓰카야.

**Мы подъезжаем к станции
Комсомольская.**

브러심 바드고또비트샤 템, 그도 부데띠 브하디뜨.

**Просим подготовиться тем,
кто будет выходить.**

교통

택시는 급할 때나 목적지까지 길을 잘 모를 때 편리하다.
콜택시의 경우, taximeter에서 보여준 요금을 내면 되지만

자주 쓰이는 표현_1

• 어디까지 가십니까?

구다 브 예데떼

Куда вы едете?

···▶ 메트로폴 호텔에 갑니다.

예두 브 아텔 메트로 폴

Еду в отель Метрополь.

바꿔 말하기

• **경찰서 полицейский участок**   팔리쩨이쓰키의 우짜쓰탁

• **공항**   **аэропорт**   아에라포르뜨

개인 택시의 경우 미리 요금을 결정해서 타는 것이 좋다.

 `자주 쓰이는 표현_2`

• 서점 앞쪽에 세워 주십시오.

아쓰타나비떼, 파잘루이쓰따, 스프라바 엇 그니즈너버 마가지나

Остановите, пожалуйста, справа от книжного магазина.

···▶ 알겠습니다.

하라쇼

Хорошо.

교통

길묻기
버스
지하철
택시
자전거
기차
활용
어휘

바꿔 말하기

• 입구   вход   브헏

• 횡단보도 пешеходный переход   페쌔호드늬 페레호드

유용한 표현

▼ 택시를 어디에서 잡을 수 있습니까?

그데 야 마구 파이마뜨 탁씨
Где я могу поймать такси?

▶ 어디로 가십니까?

구다 예데떼
Куда едете?

▼ 에어컨을 켜 주세요.

브큘리찌쩨 간디찌아네르, 바잘루이스타
Включите кондиционер, пожалуйста.

▼ 여기에서 얼마나 걸립니까?

스콜고 브레메니 자니마엣 다러가
Сколько времени занимает дорога?

▶ 약 30분 정도 걸립니다.

오콜러 드리짜쯔 브레메니
Около 30 минут.

▼ 여기에서 기다려 주세요.

바다지디떼 즈데쓰, 바잘루이스타
Подождите здесь, пожалуйста.

▼ 빨리 가 주세요.

예자예떼 브스트레에
Езжайте быстрее.

▼ 공항까지 얼마입니까?

스콜고 더 아에라포르타
Сколько до аэропорта?

▶ 도착했습니다. 800루블입니다.

프리에할리. 바셈쏘뜨 루블레이.
Приехали. 800 рублей.

▼ 잔돈은 필요 없습니다.

쓰다치 네 나더
Сдачи не надо.

교통

모스크바와 같은 대도시에서는 자전거를 빌려서 탈 수 있다.
다만 겨울에는 추운 날씨 때문에 자전거를 타기 힘들다.

 `자주 쓰이는 표현_1`

- 어서 오십시오.

  다브러 바잘러바쯔
  ## Добро пожаловать.

···· <u>자전거</u> 1대를 빌리고 싶습니다.

  하쭈 브쟈뜨 아딘 <u>벨라시베드</u> 나 프라갓
  ## Хочу взять один велосипед на прокат.

바꿔 말하기

- **오토바이** мотоцикл 마타지클
- **승용차** автомобиль 아브타마빌

〉자주 쓰이는 표현_2 〈

• 한 시간에 얼마입니까?

스콜고 자 아딘 차쓰 쓰떠잇

Сколько за один час стоит?

···▶ 200루블입니다.

드베쓰띠 루블레이

Двести рублей.

바꿔 말하기

• 반나절   полдня   볼드냐

• 하루   на целый день   나 첼르의 덴

유용한 표현

▼ 어디에서 자전거를 빌릴 수 있습니까?

그데 모즈나 브잣 나 프라캇 벨라시벳
Где можно взять напрокат велосипед?

▼ 자전거를 한 대 빌리고 싶습니다.

하쭈 브잣 아딘 벨라시벳 나 프라갓
Хочу взять один велосипед на прокат.

▼ 한 시간 빌리는데 얼마입니까?

스콜고 스터잇 아렌다 자 아딘 차쓰
Сколько стоит аренда за один час?

▶ 한 시간에 200루블입니다.

차쓰 드베스띠 루블레이
Час 200 рублей.

▼ 하루에 얼마입니까?

스콜고 자 아딘 덴
Сколько за один день?

초보여행자도 한번에 찾는다

▼ 보증금이 필요합니까?

누즈나 리 아쓰따빗 데바지뜨
Нужно ли оставить депозит?

▼ 타이어에 바람이 없습니다. 다른 것으로 바꿔주세요.

칼레사 네나카첸느에. 파메냐이떼 나 드루고이
**Колеса ненакаченные.
Поменяйте на другой.**

▼ 이 자전거가 마음에 듭니다.

벗 예덧 벨라시벳 므네 느라비쨔
Вот этот велосипед мне нравиться.

▼ 언제까지 돌려줘야 합니까?

가그다 누즈나 바즈브라샤띠
Когда нужно возвращать?

▶ 8시까지는 돌려주셔야 합니다.

브 달즈느 베르누띠 더 바쓰미 차서브
Вы должны вернуть до 8 часов.

교통

러시아는 영토가 넓기 때문에 옛날부터 교통수단으로서
기차를 많이 이용했다. 기차 종류도 여러 가지이고, 요금은

자주 쓰이는 표현_1

- 어서 오세요.

  다브로 파잘러바뜨

  Добро пожаловать.

···▸ 상트페테르부르크로 가는 기차표 1장을 주십시오.

  다이떼 아딘 빌렛 더 상트페테르부르가

  **Дайте один билет до
  Санкт-Петербурга.**

바꿔 말하기

- 카잔   **Казань**   카잔
- 소치   **Сочи**   소치

침대 및 의자, 부드러움과 딱딱함에 따라 차이가 난다.

 `자주 쓰이는 표현_2`

• 어느 역에서 <u>타야</u> 합니까?

나 카거이 스탄시이 누즈너 세스띠

На какой станции нужно сесть?

···▶ 다음 역입니다.

슬레두유씨의

Следующей.

바꿔 말하기

• 내리다   **выйти**   브이띠

• 갈아타다   **делать пересадку**   델라띠 베레샫구

유용한 표현

▼ 매표소가 어디입니까?

그데 가싸
Где касса?

▼ 내일 상트페테르부르크로 가는 기차표가 있습니까?

예쓰띠 빌렛 나 버에즈드 나 자쁘트라 더 상크트페테르부르가
Есть билет на поезд на завтра до Санкт-Петербурга?

▶ 없는데요, 모레 표는 있습니다.

넷. 나 버슬레자브트라 예스띠
Нет. На послезавтра есть.

▶ 부드러운 침대칸을 원하십니까, 아니면 딱딱한 침대칸을 원하십니까?

하띠떼 먀흐기의 마트라스 일리 트버르드의
Хотите мягкий матрас или твердый?

▼ 가격이 많이 차이납니까?

발샤야 라즈니짜 브 체네
Большая разница в цене?

▼ 요금은 얼마입니까?

가가바 스토이모쓰띠
Какова стоимость?

▼ 딱딱한 침대표를 한 장 주십시오.

다이떼 아딘 블롓 브 쿠페 스 드뵤르듬 마트라삼
Дайте один билет в купе с твердым матрасом.

▼ 몇 시에 상트페테르부르크로 가는 기차가 있습니까?

바 스콜고 예스띠 퍼에즈드 브 상트페테르부르크
Во сколько поезд в Санкт- Петербург?

▶ 내일 아침 7시에 특급열차가 있습니다.

자프트라 브 셈 우트라 예쓰띠 에크스프레쓰 퍼에즈드
Завтра в 7 часов утра есть экпресс поезд.

교통

길묻기
버스
지하철
택시
자전거
기차
활용
어휘

유용한 표현

▼ 표를 반환해도 됩니까?

모즈나 쓰닷 빌렛

Можно сдать билет?

▼ 조금 더 늦게 출발하는 기차는 없습니까?

예쓰띠 퍼예즈드 나 넘너고 퍼즈드네에 브레먀

Есть поезд на немного позднее время?

▼ 개표 시간이 아직 안 되었습니까?

고그다 브레먀 브라베르키 빌레더브

Когда время проверки билетов?

▶ 2번 플랫폼으로 들어가십시오.

브라이디떼 나 브타루유 플라트포르무

Пройдите на вторую платформу.

▼ 도중에 내려도 됩니까?

모즈나 버 브렘먀 파에즈키 브이띠

Можно во время поездки выйти?

▼ 다음 역은 어디입니까?

카가야 슬레두유샤야 스탄시야

Какая следующая станция?

▼ 식당차는 몇 시에 문을 엽니까?

가그다 아트크러에트샤 부베뜨

Когда откроется буфет?

▼ 기차표를 잃어버렸습니다.

야 파테랼라 빌렛 나 퍼에즈드

Я потеряла билет на поезд.

▼ 언제 상트페테르부르크에 도착합니까?

가그다 프리에뎀 브 상크트베테르부르그

Когда приедем в Санкт-Петербург?

- -

▶ 다음날 오후 2시에 도착합니다.

나슬레두유시의 뎬 퍼슬레 아베다 브 드바 차사

**На следующий день после обеда
в 2 часа.**

도움이 되는 **활용어휘**

- 길   **дорога** 다러가

- 고속도로   **шоссе** 써쎄

- 큰 길   **большая дорога** 발샤야 다러가

- 골목길   **переулок** 베레울럭

- 일방통행도로   울리짜 스 아드나스타런님 드비제니엠
улица с односторонним движением

- 사거리   **перекресток** 베래크러쓰독

- 인도   **пешеход** 베쎄홋

- 건널목   **пересечение** 뻬레쎄체니에

- 지하도   **подземный переход** 바드젬늬 베레헛

- 입체교차로   **пересечение дорог** 베레쎄체니에 다럭

- 신호등   **сфетофор** 쓰페타버르

- 육교   마쓰타버이 베레헛 체레즈 다러구
мостовой переход через дорогу

- 입구   **вход** 브헛

길묻기

- 출구   **выход**   브핟

- 교통지도   **дорожная карта**   다러즈나야 카르타

- 시내지도   **карта города**   카르타 거러다

- 동   **восток**   바스떡

- 서   **запад**   자바드

- 남   **юг**   육

- 북   **север**   세베르

- 앞   **перед**   베롇

- 뒤   **назад**   나잗

- 옆   **бок**   벅

- 오른쪽   **справа**   스프라바

- 왼쪽   **слева**   슬레바

교통

길묻기
버스
지하철
택시
자전거
기차
활용
어휘

도움이 되는 **활용어휘**

- 버스   **автобус**   아브터부스

- 소형버스   **микроавтобус**   미크라아브터부스

- 관광버스   투리쓰티체쓰키의 아브터부스
туристический автобус

- 장거리버스   메즈드가러드늬 아브터부스
междугородный автобус

- 버스정류장   아브터부스나야 아스타넙가
автобусная остановка

- 주차장   **парковка**   파르겁가

- 매표원   **кассирша**   가쓰리쌰

- 운전기사   **водитель**   바디텔

- 택시   **такси**   탁시

- 택시 타는 곳   **место для такси**   메스타 들랴 탁시

- 택시운전사   **водитель такси**   바디텔 탁시

- 첫 차   **первый поезд**   베르븨 버에즈드

초보여행자도 한번에 찾는다

버스·지하철·택시

• 막 차	**последний поезд**	바슬레드늬 버에즈드
• 오토바이	**мотоцикл**	마타찌클
• 자전거	**велосипед**	벨라시뻬드
• 보증금	**депозит**	데바짓
• 시간표	**расписание**	라쓰비사니에
• 지하철	**метро**	메트로
• 지하철 노선도	**карта метро**	카르타 메트러

교통

길묻기
버스
지하철
택시
자전거
기차
활용
어휘

도움이 되는 **활용어휘**

- 기차 **поезд** 퍼에즈드
- 기차역 **станция** 쓰탄시야
- 기차표 **билет на поезд** 빌롓 나 버에즈드
- 외국인 **иностранец** 이나쓰트라녜쯔
- 러시아인 **русский** 루쓰키의
- 어른 **взрослый** 브즈러슬리
- 어린이 **ребенок** 레벼녹
- 매표소 **касса** 카싸
- 예매 **бронировать** 브라니러비뜨
- 왕복 **туда и обратно** 투다 이 아브랏너
- 플랫폼 **платформа** 플랏퍼르마
- 급행열차 **скоростной поезд** 스카라쓰트너이 버에즈드
- 완행열차 **поезд** 버에즈드
- 식당차 **буфет** 부펫

기차

- 침대차 부드러운 침대
  쿠페 스 먀흐김 마트라섬
  купе с мягким матрасом

- 침대차 딱딱한 침대
  쿠페 스 트뵤르듬 마트라섬
  купе с твердым матрасом

- 좌석차 부드러운 좌석
  мягкое сидение 먀흐거예 스데니에

- 좌석차 딱딱한 좌석
  твердое сидение 트뵤르더예 스데니에

- 금연석
  메스터 들랴 내쿠라씨흐
  место для некурящих

- 흡연석
  메스터 들랴 쿠라씨흐
  место для курящих

- 차장
  проводник 프러버드닉

- 출발역
  스탄지야 아트프랍기
  станция отправки

- 종착역
  вокзал 바그잘

숙박

여관 등의 일반 숙박시설을 제외한 호텔은 5개 등급으로 나눠진다. 등급은
별 (★)로 나타내며 별 1개에서 최고급의 별 5개가 있다. 시설은 TV, 에어컨,
샤워시설, 화장실 등이 기본적으로 구비되어 있으며 급이
낮을수록 간혹 없는 경우도 있다.

🔎 숙박시설

• 호텔 отель 아텔

러시아의 호텔은 별 5개, 4개, 3개, 2개, 1개, 별이 없는 곳으로
나뉜다. 별의 숫자가 많은 곳일수록 고급 호텔이다. 외국인과 매우
한정된 러시아인이 숙박할 수 있는 호텔은 별 5개~3개의 호텔이고
외국인과 어느 정도 제한된 계층의 러시아인이 숙박할 수 있는 곳은
별 2개나 1개가 있는 호텔이다. 별이 없는 호텔은 러시아인만 숙박할
수 있다.

호텔안은 고급 객실과 이코노미 객실로 구분되어 있다. 객실의
등급은 디럭스 스위트, 디럭스, 퍼스트, 투어리스트의 4단계이다.
외국인은 원칙적으로 투어리스트에는 숙박할 수 없고 별 1개
이상의 호텔에는 투어리스트 객실이 없는 경우가 많다.

주로 모스크바와 상트페테르부르크에 호텔이 많으며 각각
별의 수와 객실의 종류에 따라 요금이 다르다. 호텔의 요금에는

숙박료외에 아침식사와 2개까지 로비에서 객실까지 운반하는 수화물 운반료가 포함되어 있다. 수하물을 아무도 운반해 주지 않을 경우는 직접 운반하는 편이 낫다.

• 모텔 гостиница 가스티니짜

가격은 호텔보다는 많이 싸고 2인 1실, 4인 1실이 보통이며 서비스도 많이 떨어진다.

🔅 기타 숙박시설

• 팬션 пансион 판시언

펜션은 주로 여름에 바닷가 근처에서 개인이 운영하는 경우가 많다. 개인 주택집이 많고 유명한 관광지에서 괜찮은 펜션들을 많이 찾을 수 있다. 호텔보다 가격이 싼 장점이 있다.

• 게스트하우스 гостевой дом 가스떼보이 돔

호텔보다 가격이 싼 편이고 개인이 운영하는 경우가 많다. 방마다 가격의 차이가 조금씩 있으며, 세탁서비스와 무료 또는 유료 인터넷 사용도 가능하다. 가끔 게스트하우스에서 사우나와 비슷한 러시아 전통 목욕 방식인 반야를 즐길 수도 있다.

숙박

러시아의 호텔은 대부분 외국인 관광객을 대상으로 한다.
등급은 별★로 나타내며 5성급 호텔이 가장 좋은 호텔이다.

자주 쓰이는 표현_1

• 어떤 방을 원하십니까?

카구유 컴나투 하티떼

Какую комнату хотите?

···▸ 조금 싼 방을 원합니다.

네다라구유 컴나투

Недорогую комнату.

바꿔 말하기

• 조금 큰   немного побольше   넘너고 바벌셰

• 욕조가 있는 с ванной 스 반나이 • 조용한 тихий 티히이

• 테라스 있는 с террасой   스 테라싸이

`자주 쓰이는 표현_2`

- 얼마나 묵으실 겁니까?

  나 스콜고 드네이 아스타네테쓰

  На сколько дней останетесь?

···▶ 하루입니다.

  나 아딘 덴

  На один день.

바꿔 말하기

- 3~4일 **на три четыре дня** 나 트리 체트레 드냐

- 일주일 **на неделю** 나 네델류

유용한 표현

▼ 방을 예약하려고 합니다.

사비라유스 자브라니러바뜨 너메르
Собираюсь забронировать номер.

▶ 싱글룸을 원하십니까, 아니면 트윈룸을 원하십니까?

하티떼 아드나메스트늬 너메르 일리 드부흐메스트늬 너메르
Хотите одноместный номер, или
двухместный номер?

▼ 싱글룸으로 주세요.

아드나메쓰트늬 너메르
Одноместный номер.

▼ 하루에 얼마입니까?

스콜고 자 수트끼 스토잇
Сколько за сутки стоит?

▶ 며칠 묵으실 겁니까?

나 스콜가 드녜이 아스타니떼쓰
На сколько дней останитесь?

▼ 3일 정도 묵을 겁니다.

그데터 뜨리 드냐

Где то три дня.

▼ 아침식사가 포함되어 있습니까?

자브트락 브쿠류치언

Завтрак включен?

▶ 기입을 해 주십시오. 여권번호를 여기에 써 주시고 그곳에
사인하십시오.

자리기스트리루이떼쓰 바잘루이쓰따. 나피씨테 너메르 파쓰버르타 벗 즈
데쓰, 이 탐 라쓰비쉬테쓰

**Зарегистрируйтесь пожалуйста. Напишите
номер паспорта вот здесь, и там распишитесь.**

▼ 제 방이 몇 호입니까?

카거이 우 메냐 노메르 콤나트

Какой у меня номер комнаты?

▶ 이것이 방 열쇠입니다.

에타 그류치 아트 바세이 콤나트

Это ключ от вашей комнаты.

숙박

호텔의 시설은 TV, 에어컨, 샤워 시설, 화장실 등은
기본적으로 구비되어 있으나 급이 낮은 호텔일수록

자주 쓰이는 표현_1

- 식당이 어디입니까?

  그데 즈데쓰 카페

  Где здесь кафе?

- 쭉 가다가 오른쪽으로 도십시오.

  이디떼 프랴머 이 나 프라버

  Идите прямо и на право.

바꿔 말하기

• 엘리베이터	лифт	리프트
• 비즈니스센터	бизнес центр	비지네스 첸트르
• 미용실	салон красоты	살론 크라싸뜨
• 이발소	парикмахерская	파리히마케르쓰카야

간혹 없는 경우도 있다. 비즈니스센터 혹은 로비에서 컴퓨터나 복사기, 팩스 등을 이용할 수 있다.

 `자주 쓰이는 표현_2`

- 더 필요하신 것이 있습니까?

  밤 에쎠 츠터 니부드 누즈나

  # Вам еще что нибудь нужно?

···→ 따뜻한 물을 주십시오.

  모즈나 포잘루이쓰타 키퍄톡

  # Можно, пожалуйста КИПЯТОК.

바꿔 말하기

- 담요   одеяло   아데얄로

- 샴푸   шампунь   샴푸니

▼ 여기 사우나가 있습니까?

즈데쓰 예스티 사우나
Есть здесь сауна?

▶ 예, 지하에 있습니다.

다 예스티 브 버드발레
Да, есть в подвале

▼ 몇 시에 문을 엽니까?

바 스콜고 아트그르바예뜨쌰
Во сколько открывается?

▶ 아침 6시에 엽니다.

우트람 브 쌔쓰티 치서브
Утром в 6 часов.

▼ 여기에서 기차표를 예매할 수 있습니까?

모즈나 즈데쓰 자브라니러바뜨 빌렛 나 버예즈드
Можно здесь забронировать билет на поезд?

▼ 옷 몇 벌을 세탁하고 싶습니다.

하쭈 아트닷 나 스띠루쿠 베씨

Хочу отдать на стирку вещи.

▶ 언제 필요하십니까?

가그다 밤 누즈너

Когда вам нужно?

▼ 빠르면 좋겠습니다.

모즈나 바브쓰트레예

Можно побыстрее.

▶ 내일 오후 리셉션에서 가져가세요.

자브트라 버쓸레 아베다 자베리떼 스 레쎕셰나

Завтра после обеда заберите с ресепшена.

▼ 식당은 몇 시에 문을 엽니까?

가그다 카페 아트그르바옐쌰

Когда кафе открывается?

숙박

식사 배달, 호텔 방 정돈, 모닝콜, 세탁 등 룸서비스를
이용할 수 있다.

자주 쓰이는 표현_1

- 무엇을 주문하겠습니까?

  쯔떠 부데테 자가즈밧
  ## Что будете заказывать?

···▸ <u>아침메뉴</u>로 주십시오.

  모즈나 바 메뉴 차브뜨라카
  ## Можно по меню завтрака.

바꿔 말하기

• **토스트**	тост	토스트
• 감자 튀김	картошка фри	카르토쉬카 프리
• 계란 후라이	жареные яйца	자렌느에 야이짜

〉자주 쓰이는 표현_2 〈

• 무엇을 마시겠습니까?

쯔또 부데떼 피띠

Что будете пить?

···› 커피를 마시겠습니다.

프리니씨떼 커페

Принесите кофе.

숙박

체크인

시설
이용

룸서
비스

체크
아웃

활용
어휘

바꿔 말하기

- 우유   молоко   말라코
- 홍차   черный чай   체르늬 차이
- 과일쥬스 фруктовый сок   프룩터븨 속
- 레몬차 чай с лимоном   차이 스 리먼놈

유용한 표현

▼ 아침 6시에 모닝콜을 부탁드립니다.

파잘리우쓰타 자브트라 우트럼 라즈부디떼 브 쎄쓰트 차서브
Пожалуйста, завтра утром
разбудите в 6 часов.

▼ 열쇠를 방에 두었습니다.

클류치 아스타빌 브 콤나테
Ключи оставил в комнате.

▼ 뜨거운 물이 안 나옵니다.

넷 가랴치의 바드
Нет горячей воды.

▼ TV가 나오지 않습니다.

텔레비저르 네 라버타엣
Телевизор не работает.

▼ 청소해 주십시오.

모제떼 즈델랏 우버르쿠
Можете сделать уборку.

▼ 215호 입니다.

드베쓰티 뱌트나자트의 너메르
215 номер.

▶ 룸서비스입니다. 무엇을 도와드릴까요?

아브술루지바니예 나메로브. 밤 츠터 니부드 누즈너
Обслуживание номеров. Вам что нибудь нужно?

숙박

체크인

시설
이용

룸서
비스

체크
아웃

활용
어휘

▼ 712호실로 아침식사를 부탁드립니다.

짜브트락 파잘루이쓰따 나 셈소트 드베나짜트의 너메르
Завтрак, пожалуйста на 712 номер.

▼ 얼마나 걸립니까?

스콜고 브레메니 자이멋
Сколько времени займет?

▼ 맥주를 가져다 주세요.

모즈나 부틀쿠 비바
Можно бутылку пиво.

숙박

체크아웃은 보통 12시까지 해야 한다. 미니 박스를 이용했거나 국제전화 또는 국내전화를 사용했으면 체크 아웃

자주 쓰이는 표현_1

• 신용카드로 지불해도 됩니까?

모즈나 아플라디띠 크레디트츠너의 카르터쯔코이

Можно оплатить кредитной карточкой?

···▶ 예.

다

Да.

바꿔 말하기

• 루블	рубль	루블
• 달러	доллар	덜라르
• 수표	чек	체크
• 여행자 수표	дорожный чек	다러즈느의 체크

시 지불한다.

 자주 쓰이는 표현_2

- 체크아웃을 하려고 합니다.

  사비라유스 브세럇샤 이즈 너메라

  Собираюсь выселяться из номера.

····▶ 잠시만 기다려 주십시오.

  하라쇼, 파다즈디떼 넴너거

  Хорошо, подождите немного.

바꿔 말하기

- 예약하다   забронировать   자브라니러바띠
- 취소하다   отменить   아트메니띠

유용한 표현

▼ 체크아웃은 몇 시까지입니까?

가그다 브레먀 브셀레니야 이즈 너메라

Когда время выселения из номера?

▶ 12시까지입니다.

더 드베나짜트 차서브

До 12 часов.

▼ 계산을 해주십시오.

라스블라띠쎄쓰 바잘루이쓰따

Расплатитесь пожалуйста.

▼ 영수증을 주십시오.

다이쩨 크비탄쓰유

Дайте квитанцию.

▼ 택시를 불러 주십시오.

모제쩨 브즈바띠 탁시

Можете вызвать такси.

▼ 이 짐을 12시까지 보관해 주십시오.

모즈나 에띠 베씨 아스타빗 나 흐라네니예 더 드베나짜쯔 차서브

Можно эти вещи оставить на хранение до 12 часов.

▼ 이것은 무슨 비용입니까?

쯔또 자 아블라따

За что это оплата?

- -

▶ 시외 전화비용입니다.

자 메즈두가로드느의 라즈가버르

За междугородный разговор.

▼ 방에 물건을 두고 나왔습니다.

야 아스타빌 베쉬 브 너메레

Я оставил вещи в номере.

▼ 하루 더 묵을 수 있습니까?

모즈나 예셔 나 아딘 덴 프라들릿 프라지바니에

Можно еще на один день продлить проживание?

숙박

체크인

시설
이용

룸서
비스

체크
아웃

활용
어휘

도움이 되는 **활용어휘**

- 체크인   **заежать**   자예자트
- 예약   **забронировать**   자브라니라바뜨
- 예약확인   **проверить брон**   프라베릿 브런
- 호텔   **отель**   아텔
- 방   **номер**   노메르
- 욕실   **ванная**   반나야
- 침실   **спальня**   스발냐
- 열쇠   **ключ**   크류츠
- 서비스데스크   **бюро услуг**   뷰러 우술루그
- 서비스 직원   **обслуживающий персонал**   아브술루지바유시의 베르사날
- 지배인   **менеджер**   메네제르
- 책임자   **администратор**   아드미니스트라터르
- 싱글룸   **одноместный номер**   아드나메스트느의 노메르

체크인

- 트윈룸 — двухместный номер
  드부흐메스트느의 노메르

- 할인 — скидка 스킨가

- 단체 여행객 — группа путешественников
  그루빠 푸테셰스트니코브

- 성 — пол 벌

- 이름 — имя 이먀

- 국적 — национальность 나치어날나츠

- 직업 — профессия 프러뻬씨야

- 여권번호 — номер паспорта 노메르 파스버르타

- 서명 — подпись 파드비스

- 주소 — адрес 아드레스

- 날짜 — дата 다타

도움이 되는 **활용어휘**

- 세탁소 **прачечная** 프라체츠나야
- 물세탁 **стирка** 스티르카
- 드라이 크리닝 **химчистка** 힘치스트카
- 바지 **брюки** 브류키
- 치마 **юбка** 유브카
- 털옷 **шуба** 슈바
- 속옷 **нижнее белье** 니즈네예 벨려
- 실크 **шелк** 쎌크
- 단추 **пуговица** 부가비차
- 이발 **стрижка** 스트리즈카
- 드라이 **сушить** 수시트
- 면도 **бритье** 브리티여
- 염색 **крашение** 크라쎼니에
- 파마 **химия** 히미야

시설이용

- 수영장 **бассейн** 바쎄인
- 헬스클럽 **тренажерный зал** 트레나져르느의 잘
- 엘리베이터 **лифт** 리프티
- 커피숍 **кофейня** 카페이냐
- 가라오케 **караоке** 카라오께
- 술집(bar) **бар** 바르
- 상점 **магазин** 마가진

도움이 되는 **활용어휘**

- 룸 서비스 обслуживание номеров ^{아브술루지바니에 노메로브}
- 객실 гостиная ^{가스티나야}
- 전화 телефон ^{텔레폰}
- 아침식사 завтрак ^{자브트락}
- 수건 полотенце ^{벌러텐쩨}
- 비누 мыло ^{믈러}
- 샴푸 шампунь ^{샴푼}
- 린스 ополаскиватель ^{아팔라스키바텔}
- 칫솔 зубная щетка ^{주브나야 셔트카}
- 치약 зубная паста ^{주브나야 파스타}
- 재떨이 пепельница ^{페펠니차}
- 컵 стакан ^{스타칸}
- 침대보 покрывало ^{파크르발러}
- 텔레비전 телевизор ^{텔레비저르}
- 휴지 бумага ^{부마가}

초보여행자도 한번에 찾는다

도움이 되는 **활용어휘**

- 룸 서비스 　아브술루지바니에 노메로브
  обслуживание номеров
- 객실 гостиная 가스티나야
- 전화 телефон 텔레폰
- 아침식사 завтрак 자브트락
- 수건 полотенце 벌러텐쩨
- 비누 мыло 믈러
- 샴푸 шампунь 샴푼
- 린스 ополаскиватель 아팔라스키바텔
- 칫솔 зубная щетка 주브나야 셔트카
- 치약 зубная паста 주브나야 파스타
- 재떨이 пепельница 페펠니차
- 컵 стакан 스타칸
- 침대보 покрывало 파크르발러
- 텔레비전 телевизор 텔레비저르
- 휴지 бумага 부마가

초보여행자도 한번에 찾는다

룸서비스 · 체크아웃

- 체크아웃   **выписка из номеров**   브비스카 이즈 노메러브
- 계산   **расчет**   라쓰쳣
- 숙박비   **плата за ночлег**   플라타 자 노츨렉
- 할인   **скидка**   스킨가
- 서비스요금   **оплата за обслуживание**   아플라타 자 아브슬루지바니예
- 합계   **всего**   브세고
- 전화요금   **оплата за телефон**   아플라타 자 텔레폰
- 신용카드   **кредитная карточка**   크레디트나야 카르토츠까
- 여행자 수표   **дорожный чек**   다러즈느 체크
- 수표   **чек**   체크
- 루블   **рубль**   루블
- 달러   **доллар**   덜라르

숙박

체크인

시설
이용

룸서
비스

체크
아웃

활용
어휘

러시아인의 음식 문화는 귀족적인 것과 민중적인 것이 각각 확연히 다른 발전의 길을 걸어왔다. 러시아의 귀족들은 그들 나름대로 서구 유럽의 스타일을 모방하는 음식 습관을 유지해 왔다. 이와 달리 평민들은 그들 나름대로 자신들의 고유한 음식 문화를 지켜 왔는데, 바로 이 평민들의 식생활 문화가

바로 고유한 러시아 음식 문화라고 할 수 있다. 러시아의 고유한 음식들 가운데서 몇 가지를 살펴보자면 다음과 같다.

🚂 러시아 고유 음식

- **카샤 каша**   각종 곡물로 만든 죽

- **자쿠스카 закуска**
  각종 냉육, 어육, 캐비어와 야채 샐러드를 곁들인 음식

- **샤슬릭 шашлык**
  러시아식 꼬치 요리.
  꼬치에 꿰어 장작 위에 걸고 구워 낸다.

- 피로그 пирог

  만두보다 조금 크게 만든 파이 같은
  음식이다.
  밀가루 속에 고기·생선·야채 등 다양한
  재료를 넣고 구워 낸 러시아 전통요리이다.

- 펠메니 пельмени

  시베리아식 물만두.
  만두피가 얇고, 속은 고기로 채워져
  있다.

- 보르쉬 борщ

  양배추, 고기, 양파, 토마토, 비트 등을
  넣고 끓인 러시아 전통 수프.
  토마토와 비트를 넣고 끓이기 때문에
  빨간색을 띤다.

- 블린 блин

  러시아 음식 가운데 가장 오래되고
  대중적인 음식이다.
  러시아식 팬케이크로 밀가루 반죽을
  얇게 부쳐 그 위에 잼이나 과일 등을
  얹어 먹는다.

- 캄포트 компот

  러시아 과일 주스. 주로 자두·살구류의 과일로 만든다.

- 스메타나 сметана

  우유로 만든 소스.
  마요네즈와 비슷하나 신맛과
  단맛이 강하다.

- 케피르 кефир

  러시아식 요구르트로 신맛이 상당히 강하지만 요구르트의
  순수한 형태로서 건강에 큰 도움이 된다.

- 보드카 водка

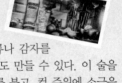

  러시아 전역에 걸쳐 가장 대중적인
  술로 알코올 도수가 40%를
  넘는 것이 대부분이다. 보통 곡류나 감자를
  가지고 빚으며, 포도 등의 과일로도 만들 수 있다. 이 술을
  마시는 방법은 작은 컵에 보드카를 붓고, 컵 주위에 소금을
  약간 뿌린 다음 단숨에 마시는 것인데, 보드카에 대한 이러한
  음주 습관은 심각한 알코올 중독 문제를 야기시켜 왔다.
  세계적으로도 가장 많이 마시는 술 가운데 하나인 보드카는
  칵테일의 주 원료로도 사용된다.

🐷 패스트푸드

맥도널드나 버거킹, 써브웨이(Subway) 등 패스트푸드점이 대도시에 진출해 있어서 가벼운 식사를 할 수 있다. 그 외에도 대도시에는 한국음식점도 많이 있다.

🐷 토속 음식점

앞에서 설명한 음식들 외에도 토속 음식들이 있으나 러시아인들의 일반적인 고유 음식은 앞에서 언급한 것들이 대표적이다. 빵과 고기가 주식이며, 추운 자연 환경 때문에 주로 지방질이 많은 고기를 선호하는데 이러한 이유로 돼지고기가 쇠고기에 비하여 훨씬 비싸다. 그리고 물이 안 좋기 때문에 대용으로 차 **러시아어로 '차이'**를 주로 마신다. 또한 과거 러시아인들은 겨울에는 과일을 거의 먹을 수 없었으므로, 과일을 냉동 저장하여 겨울에 먹었다. 러시아의 토속 음식들 속에는 과거 러시아 민중들의 소박함을 엿볼 수 있다.

식사

러시아에서는 유럽과 마찬가지로 전채, 수프, 주(主) 요리,
후식 순서로 정찬이 진행된다. 대체로 많은 음식을 준비하고

자주 쓰이는 표현_1

• 모두 몇 분이시죠?

스코고 바스 브세버

Сколько вас всего?

···▶ 3명입니다.

나스 트러예

Нас трое.

바꿔 말하기

• 1명 один человек   아딘 쩰라벡

• 2명 два человека   드바 쩰라베까

천천히 오랫동안 식사를 즐기며, 특히 손님을 초대한 경우에는
융숭하게 대접하는 관습이 있다.

자주 쓰이는 표현_2

• 주문을 하시겠습니까?

부데떼 자가즈바띠

Будете заказывать?

···▶ 먼저 메뉴를 주십시오.

다이떼 메뉴 파잘루이쓰따

Дайте меню пожалуйста.

바꿔 말하기

사머예 브구스너예 브류다
• 제일 잘 하는 요리   **самое вкусное блюдо**

• 커틀릿   **котлеты**   칼레트

• 보르쉬(수프요리)   **борщ**   보르쉬

유용한 표현

▶ 주문하시겠습니까?

부데쩨 자가즈바띠
Будете заказывать?

▼ 아가씨, 여기에서 가장 잘하는 음식이 무엇입니까?

데부쉬까, 쯔또 즈데쓰 하라쇼 가도뱟
Девушка, что здесь хорошо готовят?

▶ 보르쉬요리를 잘합니다.

하라쇼 가도뱟 보르쉬
Хорошо готовят борщ.

▼ 물 한 잔 주세요.

다이쩨 스타칸 바드
Дайте стакан воды.

▼ 메뉴판을 보여주십시오.

다이쩨 메뉴
Дайте меню.

144
초보여행자도 한번에 찾는다

▼ 한국사람 입맛에 맞는 음식이 있습니까?

예쓰띠 예다 가터라야 느라비트샤 카레이짬
Есть еда которая нравиться корейцам?

▼ 이 음식은 어떻게 먹습니까?

각 에다 블류다 구샷
Как это блюда кушать?

▼ 취소시켜도 됩니까?

모즈나 아뜨메니띠 자가즈
Можно отменить заказ?

▼ 음료수는 무엇이 있습니까?

가기예 나핏기 우 바스 예쓰띠
Какие напитки у вас есть?

▶ 또 어떤 음식이 필요합니까?

츠또 예쇼 부데떼 자가즈밧
Что еще будете заказывать?

식사

맥도날드는 러시아인들이 즐겨찾는 패스트푸드점으로 그 외에도 Macburger 맥버거, Hesburger 헤스버거, 버거킹 등이 성업 중에 있다.

 자주 쓰이는 표현_1

- 어서 오세요. 주문하십시오.

  다브러 바잘러바쯔. 즈델라이떼 자가즈

  ## Добро пожаловать. Зделайте заказ.

···▸ 햄버거 하나와 콜라 한 잔 주세요.

  다이떼 감부르게르 리 스타칸 고가골루

  ## Дайте гамбургер один и стакан кока-колу.

바꿔 말하기

- 치즈버거   гамбургер с сыром   감부르게르
- 샌드위치   сендвич   센드비츠
- 핫도그   хот-дог   헛 더그

`자주 쓰이는 표현_2`

• 그 밖에 더 필요하신 것이 있습니까?

밤 예셔 츠터 니부드 누즈나

Вам еще что нибудь нужно?

···▸ 토마토케첩을 좀 많이 주세요.

다이떼 빠벌셰 타마뜨너버 켓추빠

Дайте побольше томатного кетчупа.

바꿔 말하기

• 냅킨	салфетка	살베트까
• 버터	масло	마슬라
• 잼	варенье	바레니예

유용한 표현

▼ 샌드위치와 커피 한 잔 주십시오.

다이떼 센드비츠 이 자쉬꾸 커페
Дайте сендвич и чашку кофе.

▶ 여기에서 드시겠습니까, 아니면 가져가시겠습니까?

부데떼 즈데쓰 구쌰띠 일리 스 사버이 바즈며떼
Будете здесь кушать или с собой возьмете?

▼ 가져가겠습니다.

스 사버이 바즈무
С собой возьму.

▼ 여기에서 먹을 겁니다.

즈데쓰 부두 구쌰뜨
Здесь буду кушать.

▶ 주문하신 것이 다 나왔습니다.

바쉬 자가즈 가더브
Ваш заказ готов.

▼ 실례지만, 빨대가 어디에 있습니까?

이즈비니뗴 그데 모즈나 브쟈뜨 트루버쯔꾸
Извините, где можно взять трубочку?

▼ 냅킨을 좀 더 주십시오.

다이뗴 쌀볘뜨꾸 파잘루이쓰따
Дайте салфетку пожалуйста.

▼ 2층에 좌석이 있습니까?

예쓰띠 메쓰따 나 브떠럼 에따제
Есть места на втором этаже?

▶ 빈 자리가 없습니다.

넷 부스트흐 메쓰뜨
Нет пустых мест.

▶ 잠깐만 기다려 주십시오.

파다즈디뗴 넴너즈거
Подождите немножко.

식사

주로 레스토랑이나 고급 카페에서는 계산서에 서비스료가 같이 포함되어 있지만 종업원의 서비스가 마음에 들었을

자주 쓰이는 표현_1

• 모두 얼마지요?

스콜고 브세거 스터잇

Сколько всего стоит?

···▶ 모두 <u>300루블</u>입니다.

브세거 트리쓰따 루블레이

Всего 300 рублей.

바꿔 말하기

• 700루블   **700 рублей**   셈쏘뜨 루블레이

• 200유로   **200 евро**   드베스띠 예브러

경우 계산서의 10%-15%를 팁으로 계산서 안에 넣거나 테이블
위에 놓고 나온다.

자주 쓰이는 표현_2

• 무엇이 포함된 가격입니까?

쯔또 브꿀리치너 브 스터이모스띠

Что включено в стоимость?

···› 세금 포함입니다.

브꿀리천 날러그

Включен налог.

식사

안내
주문
패스트
푸드점
계산
활용
어휘

바꿔 말하기

아플라따 자 아브술루지바니에
• 서비스금액   **оплата за обслуживание**

아블라따 자 나삐뜨끼
• 음료수값   **оплата за напитки**

유용한 표현

▼ 계산서 좀 갖다 주십시오.

다이떼 쓰처뜨 파잘루이쓰따
Дайте счет пожалуйста.

▶ 네, 잠시만 기다리십시오.

하라쇼, 쎠쓰
Хорошо, сейчас.

▼ 이것은 하나에 얼마입니까?

스콜거 아드나 씨뚜까 스터잇
Сколько одна штука стоит?

▼ 신용카드로 계산해도 됩니까?

모즈나 아플라띠띠 크레딧너이 카르떠쯔거이
Можно оплатить кредитной карточкой?

▼ 계산서를 볼 수 있겠습니까?

모즈너 크비딴치유
Можно квитанцию.

▶ 물론이죠.

커네쯔너
Конечно.

▼ 음식을 가져 갈 수 있습니까?

모즈나 브쟛 스 사버이 예두
Можно взять с собой еду?

▼ 계산이 잘 못 되었습니까?

네 브라빌노 바쓰치탈리
Неправильно посчитали?

▼ 전부 얼마입니까?

스콜고 브 어브섐 스토잇
Сколько в общем стоит?

▶ 고맙습니다. 또 오십시오.

스바시버. 쁘리하띠떼 예쇼
Спасибо, приходите еще.

도움이 되는 **활용어휘**

- 러시아요리 русская кухня 루쓰카야 구흐냐
- 서양요리 европейское блюдо 예브라베이쓰커예 블류더
- 한국요리 корейская еда 카레이쓰카야 예다
- 음식점 ресторан/кафе 레스타란/ 카페
- 주문 заказ 자가즈
- 아침식사 завтрак 자쁘트락
- 점심식사 обед 아벳
- 저녁식사 ужин 우진
- 육류 мясо 먀소
- 어류 рыба 르바
- 해산물 морские продукты 마르쓰키에 프라두끄뜨
- 과일 фрукты 브루그뜨
- 물 вода 바다
- 끓인 물 кипяток 키피떡
- 술 водка 버드카
- 차 чай 차이

안내 / 주문

- 메뉴판   **меню**   메뉴
- 종업원   **сотрудник**   사트루드닉
- 여종업원   **сотрудница**   사드루드니짜
- 야채   **овощи**   어버씨
- 냅킨   **салфетка**   살볘뜨카
- 젓가락   **палочки**   빨러찌키
- 숟가락   **ложка**   러즈카
- 포크   **вилка**   빌카
- 칼   **нож**   노즈
- 컵   **стакан**   스타칸
- 접시   **тарелка**   타렐카
- 오목그릇   **тарелки для супа**   타렐키 드랴 수파
- 이쑤시개   **зубочистка**   주바치스뜨카
- 재떨이   **пепельница**   볘볠니차
- 물수건   **полотенца**   빨라덴쩨

도움이 되는 **활용어휘**

- 햄버거   гамбургер   감부르게르
- 피자   пицца   피차
- 빵   хлеб   흘레브
- 샌드위치   сендвич   센드비츠
- 핫도그   хот- дог   헛 더그
- 샐러드   салат   살랏
- 햄   ветчина   베뜨치나
- 케이크   торт   토르뜨
- 케첩   кетчуп   케뜨춥
- 치즈   сыр   쓰르
- 버터   масло   마슬러
- 잼   варенье   바레니예
- 커피   кофе   커페
- 콜라   кока-кола   코가 콜라
- 쥬스   сок   속
- 홍차   черный чай   쳐르느의 차이

패스트푸드점 · 계산

- 녹차 **зеленый чай** 젤려느의 차이

- 자스민차 **жасминовый чай** 자스미너브의 차이

- 사이다 **спрайт** 스프라이드

- 요구르트 **йогурт** 요구르뜨

- 우유 **молоко** 말라고

- 계산 **считать** 쓰치따띠

- 계산서 **счет** 쓰쳇

- 카운터 **счетчик** 쓰쳇치크

- 서비스요금 아쁠라따 자 아브술루지바니예 **оплата за обслуживание**

- 팁 **чаевые** 차에브예

- 신용카드 크레디뜨나야 카르떠츠까 **кредитная карточка**

- 현금 **наличные** 날리츠느예

- 거스름돈 **сдача** 스다차

- 영수증 **квитанция** 크비딴찌야

쇼 핑

러시아는 그다지 쇼핑으로 유명하지는 않다. 그 이유는 주로 수입제품이 많고 세금 때문에 값도 많이 비싼 편이다. 그래도 대도시에서는 세계적인 브랜드의 상점 등을 찾아 볼 수 있다. 쇼핑은 백화점이나 가게, 부티크에서 할 수 있고 명품도 많이 볼 수 있다.

📷 **부티크** бутик 부틱

대도시의 호텔 주변 및 시내에 위치하고 가격은 다른 곳에 비해 많이 비싼 편이다. 부티크에서 명품 브랜드 및 러시아 디자이너들의 제품들을 살 수 있다. 주로 아침 09:00-11:00쯤에 문을 열고 저녁 19:00- 20:00 사이에 문을 닫는다. 러시아인들 중에서도 유명한 사람들이 많이 애용한다.

📷 **백화점** торговый центр 타르거브의 첸트르

모스크바나 상트페테르부르크 등의 대도시에는 대규모의 백화점이 많이 들어서고 있다. 러시아의 대표적인 백화점으로는 최대 규모이자 오랜 역사와 전통의 굼 ГУМ 백화점이 있다.
모스크바 붉은 광장에 위치해 있으며 원래 공장
건물이었다가 백화점으로
개조되었고 과거에는
국영백화점이었으나 체제 붕괴 후
민영화되었다. 천장은 통유리로
되어 있고 화려하고 웅장한 외관은
백화점이라고 보다는 궁전처럼 보이며
내부 역시 고급스럽게 꾸며져 있고 세계적인 최고급 브랜드
상점들이 들어서 있다.

슈퍼마켓 супермаркет 수페르 마르켓

E-마트나 홈플러스 등 큰 슈퍼마켓이 많이 있다. 슈퍼마켓
에서 모든 식품·잡화 등을 구입할 수 있으며, 아침부터
저녁 9시~10시까지 문을 연다.

시장 рынок 르노크

각 도시 및 지방 도시에도 시장이 있고
백화점보다 가격이 많이 싼 편이다.
러시아에서 시장은 종합시장이고 옷, 식품, 가전제품 등
다양한 물건을 쇼핑할 수 있다. 기념품도 시장에서 저렴한
가격에 구입할 수 있다.

쇼핑

러시아에서는 국영인 곳이 있고 민영인 곳이 있다. 우리 나라의 유명한 백화점도 모스크바에 입점해 있다.

자주 쓰이는 표현_1

• 무엇을 원하십니까?

쯔또 브 하띠떼

Что вы хотите?

···› 그냥 보는 겁니다.

프러스타 스마트류

Просто смотрю.

바꿔 말하기

• 이것 좀 보여주세요.

머제떼 에다 파가자쯔

можете это показать

• 친구에게 줄 선물을 사고 싶은데요.

하쭈 쿠비띠 바다럭 들랴 드루가

хочу купить подарок для друга

자주 쓰이는 표현_2

• <u>빨간색</u> <u>가방</u>이 있습니까?

에스띠 숨가 크라스너버 스베따

Есть сумка красного цвета?

···▶ 예, 있습니다.

다 예스띠

Да, есть.

바꿔 말하기

| • 공예품 | ремесло | 레메슬러 |
| • 화장품 | косметика | 카스메티까 |

유용한 표현

▼ 3층에는 무엇이 있습니까?

쯔또 나 트레띠엠 예따제
Что на третьем этаже?

▶ 여성복이 있습니다.

아트델 젠쓰커이 아데즈드
Отдел женской одежды.

▼ 구두 매장은 몇 층에 있습니까?

나 카곰 에타제 나허디쯔쌰 아트델 어부비
На каком этаже находиться отдел обуви?

▼ 꺼내 보여 주시겠습니까?

모제떼 바가자뜨
Можете показать?

▼ 엘리베이터(에스컬레이터)는 어디에 있습니까?

그데 나허디뜨쌰 리픗 (에스칼라토르)
Где находиться лифт (эскалатор)?

▼ 너무 비쌉니다.

어쩬 더러고

Очень дорого.

▼ 조금 싸게 해 주실 수 있습니까?

머제떼 넘너고 우쑤뚜삣

Можете немного уступить?

- -

▶ 여기서는 깎아드릴 수가 없습니다.

즈데쓰 네 모젬 우쑤뚜삣

Здесь не можем уступить.

쇼핑

백화점
부티크
시장
활용
어휘

▼ 나중에 다시 오겠습니다.

야 베루누쑤 바버쩨

Я верунусь попозже.

▼ 다시 생각해 보겠습니다.

야 파두마유

Я подумаю.

쇼 핑

공산주의 붕괴 이후 자본주의가 도입되면서 모스크바를 중심으로 세계적인 패션 브랜드들이 들어오고 있다. 유명한 거리에는 패션 부티크들이 즐비하게 늘어서며

자주 쓰이는 표현_1

- 무엇을 원하세요?

  쯔또 브 하띠떼

  Что вы хотите?

···▶ 바지를 보여 주십시오.

  파가지떼 브류키

  Покажите брюки.

바꿔 말하기

- 치마   юбка   유브까
- 가죽구두   кожаная обувь   코잔나야 어부브

패션거리로 바뀌어가고 부티크에서 옷이나 가방, 구두 등 명품 브랜드 및 러시아 디자이너들의 제품을 구입할 수 있다.

자주 쓰이는 표현_2

• 다른 <u>색깔</u>을 보여 주세요.

빠가지떼 드루거이 츠벳

Покажите другой цвет.

···▶ 잠깐만 기다리십시오.

파다지떼 넴너거

Подождите немного.

쇼핑

백화점
부티크
시장
활용
어휘

바꿔 말하기

• 모양   форма 퍼르마   • 치수 размер 라즈메르

• 회사제품 бренд 브런드

유용한 표현

▼ 드레스를 입어보고 싶습니다.

하쭈 프리메리띠 플라띠예
Хочу примерить платье.

▼ 어떤 색깔이 있습니까?

가기에 츠베따 예스띠
Какие цвета есть?

▼ 입어봐도 됩니까?

모즈나 프리메리띠
Можно примерить?

▼ 저는 러시아의 치수를 모릅니다.

야 네 즈나유 라시이쓰끼의 라즈메르
Я не знаю российский размер.

▶ 조금 큰 것으로 입으셔야겠습니다.

밤 누즈너 쁘리메리띠 나 라즈메르 벌쎄
Вам нужно примерить на размер больше.

▼ 탈의실이 어디입니까?

그데 프리메러츠나야

Где примерочная?

▶ 이 옷은 어떻습니까?

각 밤 에떠 아데즈다

Как вам это одежда?

▼ 너무 길군요. / 너무 짧군요.

어젠 드린나야 / 어젠 가러트가야

Очень длинная/ очень короткая.

▼ 아주 예쁩니다.

어쩬 크라시버

Очень красиво.

▼ 제가 입을 것이 아닙니다.

네 야 부두 나씨띠

Не я буду носить.

쇼핑

러시아를 방문한 관광객들의 대표적 기념품인 마트료쉬카는
전통 목각인형으로 다산, 다복, 행운을 의미하는 기념품이다.

자주 쓰이는 표현_1

• 여기에 <u>마트료쉬카</u> 인형이 있습니까?

즈데쓰 프라다여쪼쌰 <u>마트려쉬카</u>

Здесь продается матрешка **?**

···▶ 있습니다.

다

Да.

바꿔 말하기

• **도자기** **керамика** 케라미까

• **골동품** **антиквариат** 안띡바리앗

몸체가 상하로 분리되며 안에는 3~5개의 작은 인형이 겹겹이
들어있다.

 ˋ자주 쓰이는 표현_2 ˋ

• 이것은 무엇으로 만들었습니까?

이즈 제거 에떠 스델라너

Из чего это сделано?

···▶ 그것은 <u>나무로</u> 만들었습니다.

이즈 데레바

Из дерево.

바꿔 말하기

• 금   **золото**   절러떠

• 면   **хлопок**   흘러퍽

유용한 표현

▼ 진품입니까?

에떼 아리기날
Это оригинал?

▶ 물론입니다.

카네쯔너
Конечно.

▼ 과연 비싸군요!

슬리시컴 더러고
Слишком дорого.

▼ 조금 싼 것은 없습니까?

에스띠 넘너거 바데셔블레
Есть немного подешевле.

▶ 죄송합니다, 지금은 없습니다.

이즈비니떼, 세이짜쓰 넷
Извините, сейчас нет.

▶ 벌써 다 팔렸습니다.

브쇼 라스브라달리

Все распродали.

▼ 또 다른 것이 있습니까?

에쓰띠 드루거에

Есть другое?

▼ 좀 보여 주시겠습니까?

모제떼 바가자뜨

Можете показать?

▶ 잠깐만 기다리십시오.

파다즈디떼 넘너즈거

Подождите немножко.

▼ 선물용으로 포장해 주십시오.

자베르니떼 브 빠다럭

Заверните в подарок.

도움이 되는 **활용어휘**

- 상점   **магазин**   마가진
- 특산품   **специальные товары**   스페치알느에 타바르
- 문구점   **канцтовары**   간츠타바르
- 슈퍼마켓   **супермаркет**   수페르마르겟
- 자유시장   **рынок**   르너크
- 백화점   **универмаг**   우니베르마그
- 도매   **оптовый**   어프터븨
- 소매   **в розницу**   브 러지니추
- 시계수리   **ремонт часов**   레몬트 짜서브
- 식료품   **продукты питания**   프라둑뜨 삐따니야
- 장신구   **аксессуар**   악쎄수아르
- 점원   **продавец**   쇼우후어위앤
- 견본   **образчик ткани**   어브라찍 트가니

백화점

- 선물　　　　　**подарок** 파다럭

- 고급상품　　　**предметы роскоши** 프렌메뜨 러스거씨

- 공예품　　　　**ремесло** 레메슬러

- 화장품　　　　**кометика** 카스메띠까

- 일상용품　　　프렌메뜨 페르버의 네아브허디머스띠
　　　　　　　предметы первой необходимости

- 가정용품　　　하자이쓰트벤느에 타바르
　　　　　　　хозяйственные товары

- 유명상품　　　**предметы роскоши** 프렌메뜨 러스거씨

- 국산품　　　　아트쩨스드벤느에 프라둑트
　　　　　　　отечественные продукты

- 수입품　　　　**импортные товары** 임포르트느에 터바르

쇼핑

백화점
부티크
시장
활용
어휘

도움이 되는 **활용어휘**

- 옷　　　　　 **одежда**　아데즈다
- 양복　　　　 **костюм**　카스튬
- 바지　　　　 **брюки**　브류키
- 치마　　　　 **юбка**　유브카
- 양모　　　　 **шерсть**　쎄르스띠
- 넥타이　　　 **галстук**　갈스툭
- 실크　　　　 **шелк**　쎌크
- 구두　　　　 **обувь**　어부브
- 가죽허리띠　 **кожаный ремень**　커잔늬 레멘
- 장갑　　　　 **перчатки**　페르짯키
- 스타킹　　　 **колготки**　갈곳끼
- 양말　　　　 **носки**　나스끼
- 수건　　　　 **полотенце**　팔라텐쩨
- 색깔　　　　 **цвет**　쯔벳
- 흰색　　　　 **белый**　벨르의

부티크

- 검정색   **черный**   쩌르느의
- 빨간색   **красный**   크라쓰느의
- 노란색   **желтый**   젤뜨의
- 보라색   **фиолетовый**   비아레떠브의
- 초록색   **зеленый**   젤려느의
- 파란색   **синий**   시니의
- 갈색   **коричневый**   카리찌네브의
- 회색   **серый**   세르의
- 크기   **размер**   라즈메르
- 모양   **форма**   퍼르마

도움이 되는 **활용어휘**

- 공예품   **ремесло**   레메슬러
- 나무   **дерево**   데레버
- 도기   **керамика**   케라미까
- 도자기   케라미쩨스기에 이즈델리야
керамические изделия
- 도장   **печать**   뻬짜띠
- 그림   **картина**   가르티나
- 산수화   **пейзажи**   페이자지
- 천   **ткань**   트카니
- 유리   **стекло**   스테클로
- 반지   **кольцо**   칼저
- 목걸이   **ожирелье**   아지렐리에
- 귀걸이   **серьги**   세르기
- 플라스틸린(plastilin) 점토, 고무 등으로 이루어진 조소재료
пластилин   플라스틸린

시장

- 금　　　　　**золото** 절러터
- 은　　　　　**серебро** 세레브러
- 인형　　　　**кукла** 구글라
- 마트료쉬카　**Матрешка** 마트려쉬카
- 그림　　　　**Картина** 카르티나
- 비단　　　　**шелк** 쎌크
- 모직　　　　**шерсть** 셰르스띠
- 가죽　　　　**кожа** 코자
- 소가죽　　　**воловья кожа** 벌러비야 코자
- 양가죽　　　**овечяя кожа** 아베쨔야 코자
- 돼지가죽　　**кожа свиньи** 코자 즈빈이
- 사슴가죽　　**кожа оленя** 코자 알레냐

쇼핑
백화점
부티크
시장
활용
어휘

관 광

러시아는 관광지도 많고 다양하다. 모스크바 뿐만 아니라 다른 도시 및 지역에서도 유네스코 세계문화유산으로 지정된 다양하고 유명한 관광지들을 볼 수 있다.

🔍 관광명소 достопримечательности
다스타프리메짜텔니스띠

- **붉은 광장 Красная площадь** 크라스나야 플러샤디

  모스크바의 상징이라 할 수 있는 붉은 광장은 원래 아름다운 광장으로 불렸으나, 노동절과 혁명기념일에 붉은 현수막과 붉은 깃발로 광장이 온통 붉은색으로 물들었다는 데서 유래하여 붉은 광장으로 불리게 되었다. 모스크바 크렘린 성벽 바깥 쪽에 펼쳐진 광장으로 주변에 성 바실리 대성당, 굼 백화점 등이 있다.

- **모스크바 크렘린 Кремль** 크레믈

  크렘린이란 성채, 요새를 뜻하는 말로 다른 곳에도 크렘린이 있지만 모스크바 크렘린이 대표적이다. 모스크바의 중심부에

위치하여 러시아 역사상 중요한 정치적, 종교적 중심지였다. 몇 개의 종탑이 우뚝 솟은 높고 붉은 성벽 안에는 크렘린 궁전, 우스펜스키 성당, 이반대제의 벨타워, 황제의 종, 황제의 대포 등 수많은 역사적 건물들이 있다.

- ### 성 바실리 대성당 храм Василия Блаженного
  흐람 바실리야 블라젠노버

모스크바의 붉은 광장 남쪽에 있는 러시아 정교회 성당이다. 16세기 모스크바 대공국의 황제였던 이반대제가 몽골 카잔 칸국과의 싸움에서 승리한 것을 기념하기 위에 건설했다. 47m되는 팔각형의 첨탑을 중앙으로 주변에 각양 각색으로 된 8개의 양파모양의 돔 지붕으로 이루어진 독특한 모양의 이 성당은 러시아를 대표하는 문화유적 중 하나이다.

- ### 볼쇼이 극장 Большой театр 발쇼이 테아트르

러시아어로 크다라는 뜻의 볼쇼이 극장은 모스크바의 오래된 극장으로 오페라와 발레를 공연하는 세계에서 가장 유명한 극장 중 하나이다. 이 곳의 발레단은 세계적으로 유명하다. 1776년 개관 이후 세 차례의 화재를 입었으며 1856년에 5층 규모의 석조건물로 다시 지어져 2,100여명을 수용할 수 있는 현재의 모습을 갖추었다.

- **차이코프스키 홀**

칸쩨르트느의 잘 이메니 피. 이. 차이코프스거버

Концертный зал имени П.И. Чайковского

1940년대에 생긴 역사와 전통을
자랑하는 모스크바에 있는 음악당으로,
내부에는 길이 8m, 무게 20톤이나 되는
유럽 최대의 오르간이 있다.

- **카잔 성당 Казанский собор** 카잔스키의 사보르

상트페테르부르크에 위치한 성당의 하나로 네프스키 대로에
있다. 건물 전체가 94개 코린트 양식의 기둥이 반원형
형태의 회랑을 이루고 있는 독특한 건축물로 바티칸의 성
베드로 성당을 모델로 하여 지은 것이다.
이 성당이 완성된 후, 러시아는 프랑스
나폴레옹 전쟁에서 승리를 거두었고
지금도 성당 안에는 승리한 트로피와
탈취한 깃발이 전시되어 있는 등, 이

성당은 러시아 군의 영광을 상징하는 장소이기도 하다.

- **표트르 궁전 Петродворец** 페뜨라드바레쯔

상트페테르부르크에서 서쪽으로 약 30km 떨어진 핀란드만
해변가에 위치하고 있는 이곳은 표트르 대제가 주로 여름을

보내기 위해 지어졌다고 해서 여름 궁전 이라고도 불린다. 파리의 베르사이유 궁전을 본따 만든 호화로운 궁전이다. 20여개의 궁전과 140여개의 화려한 분수, 7개의 아름다운 공원이 조성되어 있다.

● 블라디미르 Владимир 블라디미르

모스크바 북동쪽 약 190km, 수즈달 남쪽 약 30km 떨어진 지점에 있는 인구 약 34만 명의 도시이다. 1157년 블라디미르 수즈달 공국의 수도가 되면서 발전하였다. 이 도시 대부분의 구역이 세계문화유산으로 지정되어 있으며 여러 개의 성당과 황금의 문 등 거리 곳곳에 아름다운 건축물이 많이 있다.

● 수즈달 Суздаль 수즈달

모스크바 북동쪽 약 220km, 블라디미르 북쪽 약 30km 떨어진 지점에 있는 러시아의 고도 옛 도시이다. 과거 여러 공국들의 수도가 되었으며 정치적 중요성이 사라진 이후에도 여러 수도원과 교회들을 세워 러시아의 종교적 중심지가 되었다. 이러한 오랜 역사로 도시 그 자체가 역사박물관이라 해도 좋을 만큼 수백 년 된 50여 개의 수도원과 교회가 자연과 아름답게 조화를 이루고 있으며 도시 전체가 세계문화유산으로 지정되어 있다.

관광

모스크바로 여행가는 경우, 유명한 관광 코스로는 붉은 광장, 모스크바 크렘린 그리고 성 바실리 대성당 등이 있다.

자주 쓰이는 표현_1

• 어느 곳에 가고 싶습니까?

구다 브 하띠떼 파예하띠

Куда вы хотите поехать?

···› 붉은 광장에 가고 싶습니다.

야 하쭈 바스마트레띠 <u>크라스누유 플러쌰디</u>

Я хочу посмотреть
Краснۡую площадь.

바꿔 말하기

• 크렘린　　Кремль　　　　　크레믈

• 볼쇼이 극장　большой театр　볼쇼이 테아트르

■■■■ 관광안내 ■■■

 〉자주 쓰이는 표현_2 〈

• 트레티야코프 갤러리를 방문하고 싶습니다.

하쭈 파예하띠 브 트레티야코프스구유 갈레례유

Хочу поехать в Третьяковскую галерею.

···▶ 좋은 선택입니다.

하로시의 브버르

Хороший выбор.

관광

관광
안내

관광지

관광
버스

활용
어휘

바꿔 말하기

• 오페라 공연에   쿠핏 빌롓 나 오페루
  표를 사다   **купить билет на оперу**

• 동물원에 가다 **поехать в зоопарк** 파예하띠 브 저어파르크

• 사진을 찍다   **фотографировать** 퍼터그라비로밧

관광

🐹 `자주 쓰이는 표현_3`

• 언제 문을 엽니까?

카그다 아트그르바옛샤

Когда открывается?

···▶ 오전 10시에 엽니다.

우트럼 브 데샷 차서브

Утром в 10 часов.

바꿔 말하기

• 오후 1시 в час после обеда   브 차스 퍼슬레 아베다

• 오후 3시 в три часа после обеда   브 트리 찻 퍼슬레 아베다

자주 쓰이는 표현_4

• <u>시내지도</u>를 주십시오.
다이쩨 카르뚜 거러다
Дайте карту города.

···▶ 네, 잠깐만 기다리십시오.
다, 파다쯔디쩨 넴너즈거
Да, подождите немножко.

바꿔 말하기

• 관광안내도 туристическая карта 투리스티체스카야 카르타

• 교통지도 карта транспорта 카르타 트란스포르따

• 지하철 노선도 карта метро 카르타 메트러

유용한 표현

▼ 좋은 관광지 좀 소개해 주십시오.

파레고멘두이떼 하러시예 투리스티체스키에 메스따
Порекомендуйте хорошие туристические места.

▶ 쿠스코보 대저택을 추천하고 싶습니다.

레커멘두유 우사드부 쿠스커버
Рекомендую усадьбу Кусково.

▼ 유명한 명승고적이 어디에 있습니까?

그데 나허디쯔샤 즈나메니트예 지버비스느에 메스타
Где находиться знаменитые живописные места?

▼ 모스크바에 꼭 가 볼 만한 성당이 있습니까?

카코이 서버르 브 마스크베 누즈나 바세디띠
Какой собор в Москве нужно посетить?

▶ 붉은 광장에 있는 성 바실리 대성당은 가 볼 만합니다.

누즈나 바세디띠 흐람 바실리야 블라젠노버 나 크라스너의 플러쌰디
Нужно посетить храм Василия Блаженного на Красной площади.

▼ 시내 지도 한 장 주십시오. 어느 곳의 풍경이 가장 아름답습니까?

다이쩨 카르뚜 가라다, 파잘루이쓰따. 페이자즈 가거버 메스터 오쩬 크라시버에
Дайте карту города, пожалуйста.
Пейзаж, какого место очень красивое?

▶ 모두 비슷합니다. 포클론나야 고라(경배의 언덕)에 가세요.

바치찌 베즈데 아디나거버. 파에자이쩨 브 파클론느에 거르
Почти везде одинаково.
Поезжайте в Поклонные горы.

▼ 거기에서 배를 탈 수 있습니까?

머즈나 탐 카타트샤 나 럳게
Там можно кататься на лодке?

▼ 여기에서 어떻게 갑니까?

각 아트슈다 머즈나 다예하띠
Как отсюда можно доехать?

▶ 걸어 갈 수 있습니다.

모즈나 바이띠 볘쉬콤
Можно пойти пешком.

관광

관광
안내

관광지

관광
버스

활용
어휘

관광

관광지에서의 음식값과 기념품값은 비싸며 외국인은
바가지와 소매치기의 대상이 되기 쉬우므로 주의해야 한다.

자주 쓰이는 표현_1

- 입장료는 얼마입니까?

  스콜고 스터잇 브헛

  ## Сколько стоит ВХОД?

····▶ 150루블입니다.

스또 비데샷 루블레이

150 рублей.

바꿔 말하기

- **학생표** студенческий билет   스투덴체스키의 빌렛
- **어린이표** детский билет   데트스키의 빌렛
- **외국인표** билет для иностранцев   빌렛 들랴 이나스트란제브

관광지를 방문하는 경우 미리 영업시간을 확인하는 것이 좋다.

 〉자주 쓰이는 표현_2 〈

• 언제 문을 닫습니까?

가그다 자크르바예데스

Когда закрываетесь?

···▶ 오후 5시에 닫습니다.

베체럼 브 퍗 차서브

Вечером в 5 часов.

바꿔 말하기

• 오후 3시	три часа дня	트리 차사 드냐
• 일요일	воскресенье	바스크레세니예
• 저녁 7시	вечером 7 часов	베체럼 셈 차서브
• 수요일	среда	스레다

유용한 표현

▼ 어른표 두 장 주세요.

다이떼 드바 빌레따 브즈러슬르흐
Дайте два билета взрослых.

▼ 기념품은 어디에서 팝니까?

그데 프라다윳샤 수베니르
Где продаются сувениры?

▼ 여기는 어디입니까?

세이차스 그데 므 나허딤샤
Сейчас где мы находимся?

▼ 안내 좀 해 주십시오.

모제떼 파가자뜨
Можете показать.

▼ 화장실이 어디입니까?

그데 즈데스 투알렛
Где здесь туалет?

190
초보여행자도 한번에 찾는다

▼ 누가 살던 곳입니까?

크또 즈데스 질
Кто здесь жил?

▼ 저것은 무엇입니까?

츠또 번 터 타커에
Что вон то такое?

▼ 사진을 찍어도 됩니까?

모즈나 파타그라비러바띠
Можно фотографировать?

▼ 사진 한 장만 찍어주시겠습니까?

머제떼 스퍼터그라피러바띠 나스
Можете сфотографировать нас?

▼ 한 장 더 찍어주세요.

머즈너 예셔 아딘 라즈 스파타그라피러바띠
Можно еще один раз сфотографировать.

관광

관광버스는 주로 관광객들을 대상으로 하고, 주로 각 관광버스마다 가이드가 따로 있다. 관광버스에 대한 안내나 정보는 관광안내소 및 여행사에서 찾을 수 있다.

🐾 자주 쓰이는 표현_1

- 몇 시에 <u>출발합니까</u>?

  바 스콜고 <u>아트프라블랴엠샤</u>

  Во сколько отправляемся?

···▸ 6시입니다.

  브 섀스띠

  В шесть.

바꿔 말하기

- 끝나다   закончить   자컨치띠
- 돌아오다   возвращаться   바즈브라샤뜨샤

운전기사에게 물어보고 관광버스 안에 가방이나 다른 물건들을
버스 안에 두고 다녀도 되지만 휴대폰이나 돈과 같은 귀중품은 꼭
휴대하고 다녀야 한다.

 자주 쓰이는 표현_2

- 기념품 살 시간이 있습니까?

우 나스 예스띠 브레먀 파굽기 수베니라

У нас есть время для
покупки сувенира?

···▶ 있습니다.

다, 예스띠

Да, есть.

바꿔 말하기

- 사진 찍다   **фотографировать**   파터그라비러바띠

- 식사   **еда**   예다

- 화장실 가다 **идти в туалет**   이드띠 브 투알렛

193
왕초짜 여행 러시아어

유용한 표현

▼ 어떤 투어 코스가 있습니까?

카키에 투르 예스띠
Какие туры есть?

▶ 하루 코스가 있습니다.

예스 투르 나 첼르의 덴
Есть тур на целый день.

▼ 식비와 입장료가 포함입니까?

브허딧 투다 아플라따 자 브헏 이 아베드
Входит туда оплата за вход и обед?

▶ 아니요. 모두 각자 냅니다.

넷. 자 가즈더예 아플라치바에떼 아드델너
Нет. За каждое оплачиваете отдельно.

▼ 또 다른 코스도 있습니까?

예스띠 예셔 드루거의 투르
Есть еще другой тур?

▼ 어디에서 몇 시에 출발합니까?

그데 이 바 스콜거 아트브라블라엠샤

Где и во сколько отправляемся?

▼ 버스에 몇 시까지 돌아오면 됩니까?

더 스콜끼 나더 베루늣샤 브 아브떠부스

До сколько надо вернуться в автобус?

- -

▶ 12시까지 돌아오면 됩니다.

더 드베나짜띠 차서브

До 12 часов.

▼ 여기에서 얼마나 머뭅니까?

스콜고 브레메니 즈데스 아스타너빔샤

Сколько времени здесь остановимся?

▼ 들어가지 않아도 됩니까?

모즈나 네 바이띠

Можно не войти?

도움이 되는 **활용어휘**

- 여행   **путешествие**   푸띠쎼스트비예
- 견학   **экскурсия**   에크스쿠르시야
- 하루코스   **тур на один день**   투르 나 아딘 덴
- 2일코스   **тур на два дня**   투르 나 드뱌 덴
- 오전코스   **тур на пол дня (утром)**   투르나벌드냐(우뜨럼)
- 오후코스   투르 나 벌 드냐 (퍼슬레 아베다)
           тур на пол дня (после обеда)
- 미술관   후더제스뜨벤나야 갈레레야
        художественная галерея
- 박물관   **музей**   무제이
- 기념관   **сувенир**   수베니르
- 식물원   **ботанический сад**   바타니체스키의 싿
- 동물원   **зоопарк**   저어파르크
- 극장   **театр**   테아트르
- 영화관   **кинотеатр**   키너테아트르
- 음악당   **музыкальный зал**   무즈칼느의 잘
- 박람회   **экспозиция**   에그스퍼지치야

초보여행자도 한번에 찾는다

관광안내

- 전람회   **выставка**   브스탑가
- 연주회   **концерт**   칸제르뜨
- 공원   **парк**   파르그
- 유적   **руины**   루이느
- 명승고적   **живописные места**   지바비스느에 메스따
- 산   **гора**   가라
- 해안   **морской берег**   마르스거이 베렉
- 강   **река**   레까
- 바다   **море**   모레
- 호수   **озеро**   어제로
- 폭포   **водопад**   바다밧
- 고원   **нагорье**   나거리예
- 사막   **пустыня**   푸스트냐
- 궁전   **дворец**   드바레쯔

도움이 되는 **활용어휘**

- 관광안내소   информация для туристов

인파르마치야 들랴 투리스터브
- 가이드   гид   긷
- 안내책자   брошюры   브라슈르
- 수속   процедуры   프라체두르
- 매표소   касса   카싸
- 입장권   билет за вход   빌렛 자 브헏
- 개관시간   время работы   브레먀 라버드
- 폐관시간   время закрытия   브레먀 자크리띠야
- 엽서   открытка   아트그룻까
- 카메라   фотоаппарат   퍼더아빠라뜨
- 사진   фото   퍼더
- 필름   фильм   필림
- 칼라   цветной   츠벳너이
- 흑백   черно-белый   쳐르너-벨르이

관광지

- 공중전화 **общественный телефон** 아브쎄스트벤느의 텔레폰

- 화장실 **туалет** 투알렛

- 경찰서 **милицейский участок** 밀리체이스키의 우차스턱

- 파출소 **полиция** 팔리치야

- 어른 **взрослый** 브즈러슬리

- 어린이 **детский** 데뜨스키의

- 학생 **студент** 스투덴뜨

- 외국인 **иностранец** 이나스트라네츠

- 단체 **группа** 그루빠

- 개인 **индивидуальный** 인디비두알느의

여흥

전 세계적으로 러시아는 문화와 예술의 나라로 알려져 있다. 러시아에서 여흥을 즐기는 방법으로 유명한 발레 공연을 보거나 오페라를 감상하는 것도 좋다. 또한 스포츠도 즐길 수 있으며 노래방이나 가라오케 등도 대도시에서 성업 중이다.

발레 балет 발렛

러시아 황실은 1673년 러시아에서 처음 열린 발레 공연에 큰 감동을 받아 유럽화 정책의 하나로서 발레를 민중의 오락으로 채택했고, 황실 무용 학교를 세우고 우수한 안무가를 초빙하여 교육하는 등 발레 발전에 전폭적인 지원을 했다. 19세기에 들어 러시아 발레가 서양 무용사에 큰 위치를 차지하면서 유럽의 뛰어난 무용수들과 안무가들이 러시아로 건너와 차이코프스키 같은 뛰어난 작곡가들과 함께 백조의 호수, 호두까기 인형, 잠자는 숲 속의 미녀 등 현재까지 전해 오는 대부분의 작품들을 만들었다. 러시아의 대표적인 발레단은 볼쇼이 발레단, 마린스키 발레단이 있다.

🙂 오페라 опера 오페라

오페라라고 하면 이탈리아,
프랑스, 독일이 유명하지만
러시아에서도 볼 만하다.
18세기에 처음 오페라가 들어왔고
19세기에 들어서 러시아 오페라가 발전하였다. 19세기
중반부터 러시아에도 뛰어난 오페라가 나타났는데, 작곡가로
글린카, 차이코프스키, 무소르크스키, 보로딘, 림스키-
코르사코프 등이 유명하다.

🙂 체조 спортивная гимнастика
스파르티브나야 김나스티카

러시아를 대표하는 스포츠 중에 하나가 체조이다.
러시아에서 체조는 17~19세기 때부터 발달해 왔고 1885년에
제일 처음으로 체조경기가 열렸다. 특히 리듬체조 부분은
러시아가 세계 최강의 실력을 자랑하고 있다.

여흥

러시아에서 발레나 오페라를 즐길 수 있다. 공연이나
콘서트를 관람할 때는 쉬는 날, 개관·폐관 시간 등을 잘

자주 쓰이는 표현_1

• 발레에 관심이 있으십니까?

브 인테레수예떼스 발레텀

Вы интересуетесь балетом**?**

···▶ 그렇습니다.

다

Да.

바꿔 말하기

• 영화 кино   키너   • 음악 музыка 무즈카

• 연극 спектакль 스펙타글   • 서커스 цирк   치르크

알아보고 교통편도 미리 조사해 놓는 것이 좋다.

🗣 〉자주 쓰이는 표현_2 〉

> • 재미있습니까?
>
> 인테레스너
>
> # Интересно?
>
> ---
>
> ⋯▶ 너무 재미있습니다.
>
> 오쩬 인테레스너
>
> # Очень интересно.

여흥

공연
스포츠

활용
어휘

바꿔 말하기

• 못 알아듣겠습니다. **не понимаю** 네 파니마유

사브셈 네 인테레스너
• 별로 재미없습니다. **совсем не интересно**

유용한 표현

▼ 어디에서 발레를 볼 수 있습니까?

그데 모즈나 우비뎻 발롓
Где можно увидеть балет?

▶ 지금 볼쇼이극장에서 발레를 공연합니다.

세이차쓰 브 발숌 테아트레 이뎻 발롓
Сейчас в Большом театре идет балет.

▼ 지금 무엇이 공연되고 있습니까?

카가야 파스타넙까 세이차스 이뎻
Какая постановка сейчас идет?

▼ 좌석을 예약하려고 합니다.

하쭈 자브라니러밧 메스떠
Хочу забронировать место.

▼ 며칠까지 공연합니까?

더 카거버 치슬라 이뎻 파스타넙가
До какого число идет постановка?

▼ 몇 시에 공연이 시작합니까?

바 스콜커 나치나옛샤 파스타넙카
Во сколько начинается постановка?

▼ 당일표가 아직도 있습니까?

예쎠 에쓰띠 빌렛 나 세거드냐씨늬
Еще есть билет на сегодняшний день?

- -

▶ 이미 다 팔렸습니다.

브세 라스프러다너
Все распродано.

▼ 표는 한 장에 얼마입니까?

스콜커 스터잇 빌렛
Сколько стоит билет?

- -

▶ 좌석마다 가격이 틀립니다.

브 자비스머스띠 엇 메스따 체느 라즈느예
В зависимости от место, цены разные.

여흥

공연

스포츠

활용
어휘

여흥

러시아의 대표적인 <u>스포츠</u>로 체조, 아이스 하키, 축구 등이 매우 유명하다. 2014년 소치 올림픽 이후에 소치 도시가

자주 쓰이는 표현_1

- <u>운동을</u> 좋아합니까?

  브 류비떼 <u>스퍼르트</u>

  Вы любите спорт?

···▶ 아주 좋아합니다.

  오쩬 류부류

  Очень люблю.

바꿔 말하기

- 축구 футбол 푸뜨벌
- 배구 волейбол 발레이벌
- 하키 хоккей 하께이
- 체조 гимнастика 김나스티카

스포츠 도시로 매우 유명해졌다.

🐸 자주 쓰이는 표현_2

- 호텔 안에 <u>수영장</u>이 있습니까?

  예스띠 바쎄인 브 아텔레

  # Есть бассейн в отеле?

⋯▸ 물론이지요.

카네쯔너

Конечно.

바꿔 말하기

- **볼링장** боулинг центр   버울린그 첸트르

- **골프장** поле для гольфа   뽈레 들랴 골빠

유용한 표현

▼ 호텔 안에 어떤 운동 시설이 있습니까?

카카야 스파르티브나야 플라쌰가 예쓰띠 브 아텔레

Какая спортивная площадка есть в отеле?

▶ 수영장, 테니스장이 있습니다.

예스띠 바쎄인 펄리 들랴 텐니사 이 나스털느의 텐니스

Есть бассейн, поле для тенниса.

▼ 수영장은 어디에 있습니까?

그데 나허디트쌰 바쎄인

Где находиться бассейн?

▼ 몇 시부터 몇 시까지 문을 엽니까?

사 스콜끼 차서브 더 스콜끼 아트그르터

Со сколько часов до сколько открыто?

▶ 아침 6시부터 저녁 10시까지 영업합니다.

스 쎄쓰띠 우트라 더 데샤띠 차서브 베체라

С 6 часов утра до 10 часов вечера.

▼ 옷은 어디에 보관합니까?

그데 아스타빗 베씨

Где оставить вещи?

▼ 입장료는 얼마입니까?

스콜거 브헛 스터잇

Сколько вход стоит?

▼ 테니스장은 한 시간에 얼마입니까?

스콜거 스터잇 테니스너에 펄레 자 차스

Сколько стоит теннисное поле за час?

▶ 한 사람당 1,000루블입니다.

트쌰차 루블레이 스 쩰라베카

1,000 рублей с человека.

▼ 라켓을 빌릴 수 있습니까?

모즈너 브쟛 나프러캇 라케트쿠

Можно взять напрокат ракетку?

도움이 되는 **활용어휘**

- 공연　　**постановка** ^{파스타넙가}
- 발레　　**балет** 발렛
- 서커스　**цирк** 치르그
- 영화　　**кино** 키너
- 연극　　**спектакль** 스펙타클
- 뮤지컬　**мюзикл** 뮤지클
- 오페라　**опера** 오페라
- 연주　　**спектакль** 스페크타글
- 주연　　**главный герой** 슬라브느의 게러이
- 극장　　**театр** 테아트르
- 영화관　**кинотеатр** 키너테아트르
- 무대　　**сцена** 체나
- 좌석　　**место** 메스터
- 박수　　**аплодисменты** 아플라디스멘트

초보여행자도 한번에 찾는다

공연 · 스포츠

• 운동	**спорт**	스퍼르트
• 축구	**футбол**	풋펄
• 탁구	**пинг- понг**	핑 펀그
• 농구	**баскетбол**	바스켓벌
• 배구	**волейбол**	발레이벌
• 야구	**бейсбол**	베이스벌
• 볼링	**боулинг**	버울린그
• 골프	**гольф**	걸브
• 당구	**бильярд**	빌랴르드
• 수영	**плавание**	블라바니예
• 다이빙	**дайвинг**	다이빙그
• 스키	**лыжи**	르지
• 스케이트	**коньки**	콘끼
• 테니스	**теннис**	텐니스
• 배드민턴	**бадминтон**	바드민턴
• 승마	**верховая езда**	베르허바야 예즈다
• 육상	**атлетика**	아트레티카
• 마라톤	**марафон**	마라펀
• 체조	**гимнастика**	김나스티카

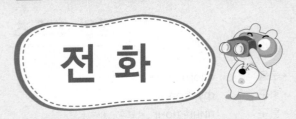

전 화

러시아에서도 요즘은 휴대전화가 널리 쓰이고 있다. 우리나라와 마찬가지로 대도시에서는 집전화와 공중전화를 보기가 어려워졌다. 관광객이 전화하고자 할 때는 호텔 내 객실 전화기를 사용하거나 각자 본인 휴대전화를 이용하는 것이 좋고 팩스를 사용하고자 할 때는 비즈니스센터를 이용하면 된다.

📷 휴대전화 사용

이제는 세계를 어디를 가든 휴대전화 하나만 있으면 통화뿐만 아니라, 메신저로 연락을 주고 받을 수 있고 이 외에도 카메라, 내비게이션으로도 활용하고 인터넷을 통해 여러 정보를 얻기에 아주 유용하다.

러시아에서 휴대전화를 사용하는 방법은 크게 두 가지이다. 첫째는 러시아로 출발하기 전에 미리 국내에 가입되어 있는 기존 통신사에 로밍서비스를 이용하는 것이고, 두 번째는 러시아 도착 후에 공항이나 시내에서 USIM유심칩을 구입하여 사용하는 방법이다. 각각 장단점이 있으므로 비용이 유리한 쪽이나 편리한 쪽으로 선택하면 된다.

🐼 국제전화

- 직접 통화

  ### ▸▸ 국제 자동 전화

  호텔 내의 외선번호를 통해서 다이얼 직접통화로
  국제전화를 걸거나 시내의 카드전화로도 가능하다.

국제전화 접속코드	▶	국가번호 82	▶	국내 지역번호	▶	전화번호

★ 러시아에서 한국 서울의 123-4567로 걸 때

00 + **82** + **2** + **123** - **4567**

국제전화 접속코드   한국   서울   전화번호

▸ 국내 지역 번호의 '0'은 사용하지 않음
▸ 서울 : 02 ⇨ 2 / 부산 : 051 ⇨ 51 / 인천 : 032 ⇨ 32

★ 러시아에서 한국 핸드폰 1234-5678로 걸 때

00 + **82** + **10** + **1234** - **5678**

국제전화 접속코드   한국   통신사   핸드폰번호

▸ 통신사 번호의 '0'은 사용하지 않음

전 화

러시아에서 한국으로 전화하고자 할 때는 객실 내 전화기나 공중전화, 혹은 본인 휴대전화를 통해 직접 전화할 수 있다.

자주 쓰이는 표현_1

• 한국으로 국제전화를 걸려고 합니다.

사비라유스 스델라디 메주드나라드느의 즈버넉 브 유주누유 커레유

Собираюсь сделать международный звонок в Южную Корею.

···▸ 네, 전화번호가 어떻게 됩니까?

하라쇼/ 카거이 너메르 텔레포나

Хорошо. Какой номер телефона?

바꿔 말하기

• 일본 Япония 야퍼니야   • 미국 США 스쌰

• 유럽 Европа 에므러바   • 중국 Китай 키타이

〉자주 쓰이는 표현_2 〈

- <u>김 선생님</u> 좀 바꿔 주세요.

  모즈나 바브라씻 <u>미스테라 김아</u>

  Можно попросить мистера Кима.

⋯ 잠시만 기다려 주십시오.

  파다쥐지쩨 넴너거

  Подождите немного.

바꿔 말하기

- 김수정 **Ким Сужонг** 김수정

- 102호실 **сто вторая комната** 스또 브타라야 콤나따

  아브술루지바니에 나메로브
- 룸서비스 **обслуживание номеров**

유용한 표현

▼ 전화카드는 어디에서 삽니까?

그데 모즈나 쿠핏 텔레폰누유 카르토쯔구

Где можно купить телефонную карточку?

▼ 공중전화는 어디에 있습니까?

그데 나허디뜨샤 아브쎼스트베느의 텔레폰

Где находиться общественный телефон?

▼ 요금을 어디에서 내면 됩니까?

그데 모즈나 아플라디띠 자 라즈가버르

Где можно оплатить за разговор?

▶ 여기에서 내시면 됩니다.

모제떼 즈데스 아플라디띠

Можете здесь оплатить.

▼ 천천히 말씀해 주십시오.

파멜렌네예 가바리떼, 파잘루이쓰따

Помедленее говорите, пожалуйста.

▼ 다시 한 번 말씀해 주십시오.

파브떠리떼 예셔 라즈 포잘루이쓰따
Повторите еще раз пожалуйста.

▶ 상대방 전화번호와 전화 거시는 분 성함을 말씀해 주십시오.

나저비떼 너메르 텔레포나 이 바쎄 이먀
Назовите номер телефона и ваше имя.

▼ 전화번호는 서울의 2649-1234이고 저는 김인랑입니다.

노메르 텔레포나 드바짜띠 쎄쓰디 소록 데빗- 드베나짜띠 트리짜띠 쩨뜨레
Номер телефона 2649-1234 Сеул.
Меня зовут Ким Инранг.

▶ 잠시만 기다리십시오. 통화 중입니다. 잠시 후에 다시 거십시오.

파다즈띠떼 넘너거. 아바넨뜨 세이짜쓰 라즈거바리바옛. 파즈버니떼 넴너거 파퍼쩨
Подождите немного. Обонент сейчас
разговаривает. Позвоните немного попозже.

▶ 전화가 연결되었습니다. 말씀하십시오.

사예디네녀. 머제떼 가바릿
Соединено. Можете говорить.

유용한 표현

▼ 이 전화는 어떻게 사용합니까?

각 폴저바쯔쌰 에띰 텔레폰놈

Как пользоваться этим телефоном?

▶ 우선 0번을 누르십시오.

스나짤라 나즈미떼 놀

Сначала нажмите 0.

▼ 선금을 내야합니까?

누즈너 프레다쁠라따

Нужно предоплата?

▼ 저는 러시아어를 못합니다.

야 네 즈나유 루쓰키의 야즉

Я не знаю русский язык.

▼ 한국어 할 줄 아시는 분이 있습니까?

즈나에떼 거버– 따, 끄떠 즈나엣 카레이쓰기의 야즉

Знаете кого-то, кто знает корейский язык?

▼ 한국의 국가번호는 몇 번 입니까?

카거으 코드 유즈너의 카레이
Какой код Южной Кореи?

▼ 잘 안 들립니다.

플러호 슬르씨나
Плохо слышно.

▼ 크게 말씀해 주시겠습니까?

모쩨쩨 그럼쩨 스가짜띠
Можете громче сказать?

▶ 아무도 받지 않습니다.

니크떠 네 베렷
Никто не берет.

▶ 조금 이따가 다시 걸어주십시오.

파즈버니떼 예셔 라즈 파뻐쩨
Позвоните еще раз попозже.

도움이 되는 **활용어휘**

- 전화　　　**телефон**　텔레폰
- 시내전화　**городской телефон**　가라드스커이 텔레폰
- 시외전화　**междугородный телефонный разговор**
  메즈두가라드느의 텔레폰의 라즈거버르
- 국제전화　**международный телефонный разговор**
  메즈드나라드느이 텔레폰의 라즈거버르
- IP 전화　**IP телефон**　IP텔레폰
- PC방　　　**интернет кафе**　인터넷 카페
- 내선전화　**внутренний телефон**　부느트렌니의 텔레폰
- 외부전화　**внешний телефон**　브네씨느의 텔레폰
- 공중전화　**общественный телефон**
  아브쎄스트벤느의 텔레폰
- 휴대전화　**мобильный телефон**　마빌느의 텔레폰
- 전화비　　**оплата за телефон**　아플라따 자 텔레폰
- 전화카드　**телефонная карточка**　텔레폰나야 카르터쯔까

국제전화

- 통화 중 **занят** 자닛
- 부재중 **пропущенный** 프라부쎈늬
- 전화번호 **номер телефона** 노메르 텔레폰아
- 지역번호 **региональный код** 레기어날느의 코드
- 국가번호 **код страны** 코드 스트라느
- 전화기 **телефонный аппарат** 텔레폰의 아파랏
- 전화박스 **факс** 팍스

긴 급

물건을 분실, 도난당하였거나 병이 나는 등의 돌발사고가 일어났을 때는 바로 전화로 교환에게 연락하면 그 사정에 따라 경찰이나 병원 등으로 연결해 준다. 언어에 자신이 없는 사람은 가이드 또는 한국대사관이나 총영사관 등 한국어가 통하는 곳에 연락하여 도움을 받도록 한다.

🐹 분실

공공 장소에서는 물건을 분실할 가능성이 크다. 안전하다고 생각되는 공항이나 외국인 전용 상점 등에서도 조심하는 것이 바람직하다.

▸ 귀중품은 가지고 다니지 말자. 꼭 가지고 가야할 때는 여러 곳에 분산시켜서 눈에 띄지 않도록 주의를 한다.

▸ 러시아인과 너무 차이가 나는 화려한 옷은 입지 않는다.

▸ 화장실이나 공중전화에서는 가방이나 핸드백을 몸 가까이에 둔다.

▸ 여권, 항공권, 신용카드, 여행자수표 등은 반드시 복사해 두거나 번호를 따로 적어 둔다.

🚻 화장실

외국인들이 머무는 고급 호텔이나 고급 레스토랑 등에서는 무료로 이용가능하며 비교적 청결하다. 단, 시내의 공중 화장실에는 남녀별로 되어있기는 하지만 돈을 내고 사용하는 곳이 많다. 만일을 대비하여 화장지를 준비하고 다니는 것이 좋다.

💊 약국

러시아에서 거리마다 흔하게 약국을 찾을 수 있다. 24시간 영업하는 곳도 많은데, 24시간 영업하는 약국의 경우 간판에 24라고 표시되어 있다. 감기, 두통약 등을 의사 처방전 없이도 쉽게 살 수 있다.

📞 긴급전화

- 화재 **101** • 경찰 **102** • 구급차 **103** • 가스 **104**

- 한국대사관-모스크바

▸ 주소	St. Plyushchikha 56 bldg 1, Moscow
▸ 사서함	Embassy of the Republic of Korea P/B 18, Moscow 119121
▸ 대표전화	(7-495)783-2727
▸ 야간휴일 비상전화	(7-495)778-0780
▸ FAX	(7-495)783-2777, (7-495)783-2797
▸ 대표 E-Mail	embru@mofa.go.kr
▸ Facebook 주소	www.facebook.com/KoreanEmbassyInRussia

긴급

즐거운 여행만을 생각하다 불미스러운 일을 당하게
되면 적지 않은 당황과 조급함으로 여행을 망치기가 쉽다.

자주 쓰이는 표현_1

• 왜 그러십니까?

쯔또떠 술루치러쓰

Что – то случилось?

···▶ 여권을 분실했습니다.

파테랼 (여성 파테랼라) 파스퍼르뜨

Потерял(-а) паспорт.

바꿔 말하기

• 지갑　**кошелек**　카쌜력　　• 수첩　**блокнот**　블라크넛

• 카메라　**фотоаппарат**　포토아파라트

• 가방　**сумка**　숨카

만약을 위해 한국대사관 등 중요한 연락처를 메모해 두고
여권번호, 신용카드, 여행자수표 등의 복사본을 따로 적어 두는
것이 좋다.

 자주 쓰이는 표현_2

- 어디에서 잃어버렸습니까?

그데 브 파테랼리

Где вы потеряли?

···▶ 어디에서 잃어버렸는지 모르겠습니다.

야 네즈나유 그데 야 파테랼 (여성 파테랼라)

Я не знаю где я потрел(a).

긴급

분실
도난

질병

활용
어휘

바꿔 말하기

- 택시 안에 두고 내렸습니다.

야 아스타빌 브 탁시

я оставил в такси

- 도난을 당한 것 같습니다.

카젯샤 메냐 아바크랄리

кажется меня обокрали

유용한 표현

▼ 분실 신고는 어떻게 합니까?

구다 모즈나 아브라띠트쌰 스 쟈야블레니엠 아브 우테레
Куда можно обратиться с заявлением об утере?

▶ 한국대사관에 가보세요.

파예자이떼 브 카례이스커에 파설스트버
Поезжайте в корейское посольство.

▼ 경찰서가 어디 있습니까?

그데 나허디뜨샤 아트델 밀리치이
Где находиться отдел милиции?

▼ 혹시 제 지갑 못 보셨습니까?

브 네 비델리 모이 가셸력
Вы не видели мой кошелек?

▼ 찾는 걸 도와주십시오.

파마기떼 나이띠
Помогите найти.

초보여행자도 한번에 찾는다

▼ 가방을 도둑맞았습니다.

이즈 숨기 브타실리 베씨

Из сумки вытащили вещи.

▶ 어떤 가방입니까?

카카야 숨까

Какая сумка?

▶ 안에 무엇이 들어있습니까?

쯔떠 블러 브눗리

Что было внутри?

▶ 먼저 경찰서에 신고를 하고, 한국대사관에 연락을 취하십시오.

스나찰라 아스타브떼 자야블레니이 브 아트델 밀리치이, 바텀 아브라띠
떼쓰 브 카레이스거에 파설스트버

Сначала оставьте заявление в отдел милиции, потом обратитесь в корейское посольсьво.

▼ 찾으면 바로 연락주십시오.

예슬리 나이데떼 스뱌지떼쓰 스라주

Если найдете свяжитесь сразу.

긴급

러시아에서는 병원이 양극화되어 있다. 진료비가 낮은
병원의 경우에는 시설 및 의료서비스가 낙후 되어 있고,

자주 쓰이는 표현_1

• 어디가 불편하십니까?

그데 우 바스 발릿

Где у вас болит?

···▶ 목이 아픕니다.

발릿 고를러

Болит горло.

바꿔 말하기

• **이빨** зуб   줍

• **배** живот   지벗

• **머리** голова   걸러바

• **허리** поясница   퍼야스니짜

시설 및 의료 서비스가 양호한 경우 진료비는 매우 비싸다.

 〉자주 쓰이는 표현_2 〈

- 병원이 어디에 있습니까?

그데 나허디뜨쌰 발니짜

Где находиться больница?

···▶ 저와 함께 가시죠.

빠이뎜떼 사 므너이

Пойдемте со мной.

바꿔 말하기

- **약국 аптека** 아프떼까
- **내과 терапевт** 테라페브트
- **치과 стоматология** 스타마탈러기야

- **외과 хирургия** 히루리기야
- **주사실 медпункт** 메드푼크트

긴급

분실
도난

질병

활용
어휘

유용한 표현

▼ 몸이 불편합니다.

텔로 발릿
Тело болит.

▼ 근처에 병원이 있습니까?

에스띠 즈데스 파블리제스띠 발니짜
Есть здесь поблизости больница?

▼ 의사를 불러주시겠습니까?

모제떼 바즈밧 브라짜
Можете позвать врача?

▼ 병원으로 데려가 주십시오.

아트베지떼 파잘루이쓰따 브 발니쭈
Отвезите пожалуйста в больницу.

▶ 여기 위에 환자 이름과 나이 등을 적어주세요.

즈데스 스베르후 나비씨떼 임먀 이 버즈라스뜨 발너바
Здесь сверху напишите имя и возраст больного.

▼ 어지럽습니다.

타씨닛
Тошнит.

▼ 식욕이 없습니다.

넷 아페띠따
Нет аппетита.

▼ 감기에 걸린 것 같습니다.

가젯샤 프라스투딜샤
Кажется простудился.

▼ 처방전을 써 주십시오.

나피시떼 레쳅뜨
Напишите рецепт.

▶ 하루 세 번, 식사 후에 드세요.

프리니마이떼 브 덴 트리 라자, 버슬레 피씨
**Принимайте в день три раза
после пищи.**

도움이 되는 **활용어휘**

- 분실   **утеря** 우테랴

- 도난   **кража** 크라자

- 강도   **ограбление** 아그라블레니예

- 소매치기   **карманник** 카르만닉

- 사고   **авария** 아바리야

- 경찰서/파출소   미리체이쓰기의 우차스턱
милицейский участок

- 경찰관   **милицейский** 밀리체이스기의

- 한국대사관   **посольство кореи** 파설스드버 카레이

- 영사관   **консульство** 콘슬스트버

- 발생장소   **место ЧП** 메스따 츠프

- 연락처   **контактные данные** 칸탁트느예 단느에

- 분실증명서   자야블레니예 아브 우테레
заявление об утере

- 도난증명서   자야블레니예 아 크라제
заявление о краже

분실/도난

- 사고증명서 **заявление об аварии** 자야블레니에 아브 아바리이

- 지갑 **кошелек** 카셸력

- 핸드백 **сумка** 숨카

- 여권 **паспорт** 파스퍼르뜨

- 여권번호 **номер паспорта** 너메르 파스퍼르따

- 신용카드 **кредитная карточка** 크레디뜨나야 카르따

- 여행자수표 **дорожный чек** 다러즈느 첵

- 귀중품 **ценные вещи** 첸느예 베씨

- 현금 **наличные** 날리쯔느예

- 카메라 **видеокамера** 비데어 카메라

- 시계 **часы** 차스

긴급

분실
도난

질병

활용

어휘

도움이 되는 **활용어휘**

- 교통사고   транспортная авария ^{트란스버르뜨나야 아바리야}
- 구급차   скорая помощь ^{스커라야 포모씨}
- 경찰서   милицейский участок ^{밀리체이스키의 우짜스턱}
- 순찰차   патруль ^{파트룰}
- 진찰실   кабинет врача ^{카비넷 브라짜}
- 접수창구   приемная ^{프리엄나야}
- 병원   больница ^{발니짜}
- 의사   врач ^{브라프}
- 간호사   медсестра ^{메드세스트라}
- 주사   укол ^{우콜}
- 수술   операция ^{아페라찌야}
- 약   лекарство ^{레카르스트버}
- 약국   аптека ^{아프떼까}
- 처방전   рецепт ^{레젭트}

- 입원 **лечь в больницу** 레쯔 브 발니쭈
- 퇴원 **выписаться из больницы** 브비삿샤 이즈 발니쯔
- 한약 카레이스카야 메디치나
  корейская народная медицина
- 소화제 레카르스트바 들랴 피쎼바레니야
  лекарство для пищеварения
- 진통제 **обезболивающее** 아베즈벌리바유쎼예
- 감기약 레카르스트바 아뜨 프라스투드
  лекарство от простуды
- 아스피린 **аспирин** 아스피린
- 수면제 **снотворное** 스탄버르너예
- 진정제 **успокоительные** 우스퍼카이텔너예
- X레이 **рентген** 렌트겐
- 기브스 **гиббс** 기브쓰
- 알레르기 **аллергия** 알레르기야
- 감기 **простуда** 프라스투다
- 설사 **диарея** 디아레야
- 기침 **кашель** 카쎌

도움이 되는 **활용어휘**

- 소화불량 расстройство желудка 라스트러이스트바 젤루드카
- 식중독 пищевое отравление 삐쎼버예 아트랍레니예
- 폐렴 пневмония 프넵마니야
- 위염 гастрит 가스트릿
- 간염 гепатит 게바팃
- 두통 головная боль 갈라브나야 벌
- 치통 зубная боль 주브나야 벌
- 복통 боль в животе 벌 브 지머떼
- 위궤양 язва желудка 야즈바 제루드까
- 발열 лихорадка 리하랏가
- 변비 запор 자버르
- 관절염 артрит 아르트릿
- 호흡곤란 одышка 아드씨까
- 빈혈 анемия 아네미야

질병

- 메스꺼움　　**болезнь** 바례진
- 골절　　**перелом** 페렐롬
- 수혈　　**переливание крови** 페렐리바니예 크러비
- 어지러움　　**головокружение** 갈라바크루제니예
- 구토　　**рвота** 르버따
- 동상　　**обморожение** 아브모로줴니에
- 화상　　**ожог** 아저그
- 천식　　**астма** 아스뜨마
- 외상　　**травма** 트라브마
- 내상　　**внутренняя травма** 브누트렌냐야 트라븜마
- 붕대　　**повязка** 바뱌즈까

귀 국

귀국할 때는 빠뜨린 짐이 없는가를 잘 확인하고 늦지 않게 공항에 도착하도록 하자. 특히 여권과 항공권을 다시 한 번 확인하자.

📷 오버 부킹

비행기 좌석수를 초과하여 예약 받는 것을 말하며, 할인 티켓으로 성수기에 여행 중 가장 신경이 쓰이는 부분이다. 반드시 3일 전에 재확인하고 공항에 일찍 나가서 항공권을 Boarding pass 탑승권으로 바꾸는 것이 최선의 선택이며 유사시 자기주장을 분명히 해야 한다.

📷 입국 수속

검역 ▶ 입국심사 ▶ 세관

🖼 여행자 휴대품 신고안내

- **1인당 면세범위(녹색)**
  - 국내 반입시, 국내의 면세점 구입품과 외국에서 구입한 물품 총 가격이 $600 미만인 경우
  - 주류 1병 (1ℓ이하, $400이하)
  - 담배 200개비
    단, 만19세 미만의 미성년자가 반입하는 주류 및 담배는 제외
  - 향수 약 60㎖

- **자진신고 검사대(백색)**
  - 면세 통과 해당 이외의 물품을 가진 사람

- **반입 금지**
  - 과일·육류 등 검역 물품
  - 가짜 상품
  - 향정신성 의약품
  - 위조·모조·변조 화폐
  - 총포·도검류

귀국

호텔에서 시간을 넉넉하게 잡아서 출발하는 것이 좋다.
출발하기 전에 여권이나 짐을 잘 챙기고 항공권을 재확인

 〉자주 쓰이는 표현_1 〈

• 항공권 매표소입니까?

에따 아비아가쓰아

Это авиакасса?

···› 그렇습니다.

다

Да.

바꿔 말하기

• 아에로플로트러시아항공	Аэрофлот	아에러플러트
• 대한항공	Кореан Эар	커레안 에아르
• 아시아나	Асиана	아시아나

하는 것이 바람직하다.

자주 쓰이는 표현_2

• 언제로 하시겠습니까?

나 스코고 드네이 하띠떼
На сколько дней хотите?

⋯▶ 30일 이코노미석으로 주십시오.

다이떼 나 트리짜뜨 드네이, 에카놈 클라쓰
Дайте на 30 дней, эконом класс.

바꿔 말하기

• 금요일 비즈니스석
  퍄트니짜 비지네스 클라스
  пятница бизнес класс

• 제일 빠른 편
  사므의 블리자이씨의 레이스
  самый ближайший рейс

귀국

예약
확인

활용
어휘

241
왕초짜 여행 러시아어

유용한 표현

▼ 10월 3일 서울 행 좌석을 예약하고 싶습니다.

하쭈 자브라니라밧 빌렛 나 트레쩨예 아크탸브랴 브 세울

Хочу забронировать билет на 3 октября в Сеул.

▶ 목요일에는 운행하지 않습니다.

브 쩨트베르그 넷 레이서브

В четверг нет рейсов.

▼ 다음 비행기는 언제입니까?

가그다 슬레두유씨이 레이쓰

Когда следующий рейс?

▶ 금요일에 있습니다.

브 퍄트니쭈

В пятницу.

▼ 그러면 금요일 비즈니스석으로 주십시오.

타그다 다이떼 빌렛 브 퍄트니쭈 브 비지네스 클라스

Тогда дайте билет в пятницу в бизнес класс.

초보여행자도 한번에 찾는다

▼ 예약을 재확인하고 싶습니다.

하쭈 우타지닛 브런 빌레따
Хочу уточнить брон билета.

▶ 예약되었습니다.

자브라니러바나
Забронировано.

▶ 죄송하지만, 예약이 되어 있지 않군요.

이즈비니떼, 네 자브라니러바나
Извините, незабранировано.

▼ 제 좌석과 출발시간을 확인하고 싶습니다.

하텔 우타찌닛 메스떠 이 브레먀 블레따
Хотел уточнить место и время
вылета.

▼ 어디에서 수속을 밟습니까?

그데 프라하디뜨 프라체두르
Где проходить процедуры?

귀국

예약
확인

활용
어휘

도움이 되는 **활용어휘**

- 항공사   **Авиакомпания**   아비야캄바니야
- 여권   **паспорт**   바쓰버르트
- 비자   **виза**   비자
- 이름   **имя**   이먀
- 국적   **национальность**   나지어날나스띠
- 비행기   **самолет**   사말롓
- 예약하다   **забронировать**   자브라니러바띠
- 예약 확인   **проверить заказ**   프러베릿 자가즈
- 예약 취소   **отменить заказ**   아트메닛 자가즈
- 비행기 출발시간 **время вылета**   브레먀 블레따
- 출발지   **место отправки**   메스따 아뜨브랍기
- 공항도착   프리예하띠 브 아에라포르트   **приехать в аэропорт**
- 탑승 시간   **время посадки**   브레먀 바삿기

부록

러시아어 카드
도움되는 한·러어휘

승차권구입

러시아어를 몰라도 이 카드를 이용하면
승차권을 구입할 수 있습니다.

▷▶ дайте _____ ряд

_____행을 주십시오.

☐ _____линия от _____ станции до_____станции
　　　　선　　　　　　　　역에서　　　　　　역까지

☐ взрослый _____штук　☐ детский _____ штук
　어른　　　　　　　장　　　아이　　　　　　장(6~11세)

☐ туда и обратно 왕복　☐ в одну сторону 편도

☐ дата 날짜
　　① Месяц _____월 день _____일　час _____시
　　② Месяц _____월 день _____일　час _____시

☐ место для курящих 흡연석　☐ место для некурящих 금연석
☐ вагон с кроватью 침대차　☐ с твердым матрасом 딱딱한 침대
☐ с мягким матрасом 부드러운 침대
☐ твердый стул 딱딱한 좌석　☐ мягкий стул 부드러운 좌석

▷▶ Напишите цену

요금을 써 주십시오.

Всего 합계 : _____

▷▶ _____를 잃어버렸습니다.

потеряла			
	☐	паспорт	여권
	☐	дорожный чек	여행자수표
	☐	фотоаппарат	카메라
	☐	кошелек	지갑
	☐	кредитная карточка	신용카드
	☐	сумка	가방
	☐	билет на самолет	항공권
	☐	другое _____	기타

▷▶ _____에서 도난당했습니다.

украли			
	☐	в автобусе	버스 안
	☐	в метро	지하철
	☐	в поезде	기차
	☐	в станции	역
	☐	в столовой	식당
	☐	в туалете	화장실
	☐	на дороге	길

승차권
구입

분실
도난시

아플 때

처방

도움되는
한·러어휘

부록

분실 · 도난시

▷▶ _____에 연락해 주십시오.

сообщите в

- ☐ милиция — 파출소
- ☐ отдел милиции — 경찰서
- ☐ посольство Южной Кореи — 한국대사관
- ☐ этот номер — 이 번호에
- ☐ ☎ : _____

미리 연락할 곳을 적어놓자

▷▶ _____를 써 주십시오.

напишите

- ☐ заявление об утере — 분실증명서
- ☐ заявление об аварии — 사고증명서
- ☐ другое _____ — 기타

▷▶ _____를 재발행해 주십시오.

выдайте повторно

- ☐ дорожный чек — 여행자수표
- ☐ паспорт — 여권
- ☐ кредитная карточка — 신용카드
- ☐ другое _____ — 기타

초보여행자도 한번에 찾는다

병원에서 아래 사항에 **V** 해서
접수처에 제시하십시오.

▷▶ **запись** 신상기록

☐ **имя** 이름 _____ (영어로)

☐ **возраст** 연령 _____

☐ **пол** 성별 ☐ **муж** 남자 ☐ **жен** 여자

☐ **национальность** 국적 Республика Корея 한국인

☐ **группа крови** 혈액형 _____

☐ **номер страхового полиса** _____
보험증서번호

☐ **номер страховой фирмы** _____
가입 보험회사

▷▶ _____ 가 아픕니다.

болит	☐ **голова** 머리	☐ **живот** 배
	☐ **зуб** 이빨	☐ **горло** 발
	☐ **головокружение**	현기증
	☐ **морозит** 한기가 들다	
	☐ **тошнит** 토할 것 같음	☐ **другое** ____ 기타

아플 때

▷▶ **Делали ли вам операцию недавно?**
최근에 수술을 받은 적이 있습니까?

☐ **да** 네 ☐ **нет** 아니오

▷▶ _____부터 몸이 좋지 않습니다.

С ____ болею

☐ **сегодняшнего утра**	오늘 아침
☐ **вчера**	어제
☐ **послевчера**	그저께
☐ **три дня назад**	3일 전
☐ _____	

▷▶ **Могу я продолжать путешествовать?**
여행을 계속해도 좋습니까?

☐ **да** 네 ☐ **нет** 아니오

▷▶ **Для заполнения страхового полиса можете выдать квитанцию или бланк.**
보험금 청구를 위하여 진단서, 혹은 영수증 작성을 부탁드립니다.

처방

▷▶ _____ 다시 오십시오.

Приходите еще
- ☐ завтра — 내일
- ☐ через три дня — 3일 후
- ☐ _____

▷▶ _____ 일간 안정을 취해 주십시오.

Будте осторожны
- ☐ один день 하루동안 | день
- ☐ три дня 3일간
- ☐ неделя 일주일간
- ☐ _____

▷▶ 약을 _____ 복용하십시오.

Принимите лекарство
- ☐ после еды — 식후
- ☐ перед едой — 식전
- ☐ три раза в день — 하루에 3번
- ☐ в день ___ раза — 하루에 __번

도움되는
한러어휘

승차권
구입

분실
도난시

아플 때

처방

도움되는
한·러어휘

부록

공원	파르그 **парк**	국	숩 **суп**
공중전화	아브쎼스트벤늬 텔레폰 **общественный телефон**	국민	나롣 **народ**
공항	아예라포르뜨 **аэропорт**	국수	랍샤 **лапша**
과일	프룩트 **фрукты**	국제전화	메즈두나러드느의 텔레폰 **меж.телефон**
관계	아트나셰니에 **отношение**	굵은	톨스트의 **толстый**
관광버스	투리스티체스키의 아브터부스 **туристический автобус**	귀	우씨 **уши**
관광지	다스타프리미차텔노스띠 **достопримечательности**	귀걸이	세르기 **серьги**
광천수	미네랄나야 바다 **минеральная вода**	귀빈	빕 페르서나 **вип персона**
교육	아브라자바니에 **образование**	귀중품	첸느에 베씨 **ценные вещи**
교통	트란스포르뜨 **транспорт**	귤	만다린 **мандарин**
구급차	스커라야 포모씨 **скорая помощь**	그	온 **он**
구름	어블라거 **облако**	그것	에떠 **это**
구명조끼	스파사뗼느의 질렛 **спасательный жилет**	그곳	에떠 메스떠 **это место**
		그녀	아나 **она**
		그들	아니 **они**
		그릇	타렐까 **тарелка**

그림	카르티나 **картина**	기점	나짤나야 토쯔카 **начальная точка**
그저께	포자브체라 **позавчера**	기차	퍼예즈드 **поезд**
극장	테아트르 **театр**	기회	쌴스 **шанс**
금	절러터 **золото**	긴	들리나 **длина**
금년	에떳 고드 **этот год**	김치	킴치 **кимчи**
금연석	메스떠 들랴 네쿠랴씨흐 **место для некурящих**	깊은	글루버기의 **глубокий**
금요일	퍄트니짜 **пятница**	깨끗한	찌스트의 **чистый**
기념	수페니르 **сувенир**	꽃	츠베턱 **цветок**
기다리다	즈닷 **ждать**		
기록	자비쓰 **запись**		ㄴ
기름	마슬러 **масло**	나	야 **я**
기쁜	베셀러 **весело**	나가다	브허딧 **выходить**
기숙사	아브쎼지티에 **общежитие**	나무	데레버 **дерево**
기술	테흐니까 **техника**	나쁜	플러허이 **плохой**
기온	템페라투라 **температура**	나오다	브허딧 **выходить**
기자	줄날리스트 **журналист**	나이	보즈라쓰뜨 **возраст**

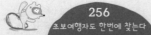

초보여행자도 한번에 찾는다

날씨	파거다 погода	노동	트룻 труд
날씬한	스트러의느의 стройный	노란색	절트의 츠벳 желтый цвет
날짜	치프라 цифра	노래하다	뼤띠 петь
남동생	브라띠씨카 братишка	노력하다	프릴라가띠 우실리야 прилагать усилия
남자	무즈치나 мужчина	노점	스텐드 стенд
남쪽	유즈나야 스타라나 южная сторона	녹색	살라트느의 츠벳 салатный цвет
남편	무즈 муж	놀다	이그랏 играть
낮은	니즈기의 низкий	농구	바스켓벌 баскетбол
내과	테라페브 терапевт	농부	크레스티야닌 крестьянин
내년	슬레두유씨의 거드 следующий год	높은	브써키의 высокий
내일	자브트라 завтра	누구	크떠 кто
너	트 ты	누나	세스트라 сестра
너희들	브 вы	눈	스넥 снег
넓은	씨러끼의 широкий	눕다	레자띠 лежать
넘어지다	우파쓰띠 упасть	느끼다	쭈스트버밧 чувствовать
넥타이	갈스툭 галстук	느낌	쭈브스트버 чувство

승차권
구입

분실
도난시

아플 때

처방

도움되는
한·러어휘

부록

2

리터	리트르 **литр**
립스틱	구브나야 파마다 **губная помада**

마늘	쩨쓰닉 **чеснок**
마당	드보르 **двор**
마른	수허이 **сухой**
마시다	피찌 **пить**
마음대로	각 허쩨트쌰 **как хочеться**
마중하다	브스트레차찌 **встречать**
마침내	브 칸쩨 칸쩌브 **в конце концов**
만10,000	데샷 트샤츠 버너브 **десять тысыч вонов**
만나다	브스트레차찌 **встречать**
만년필	아브타루쯔까 **авторучка**
만두	만트 **манты**
만들다	스뎰라찌 **сделать**

만족하다	우더블레트바랏 **удовлетворить**
많은	므너거 **много**
말 가축	스컷 **скот**
말 언어	야즉 **язык**
말하다	가바릿 **говорить**
맛	브구스 **вкус**
맛보다	바브러버밧 **попробовать**
맛있다	브구스느의 **вкусный**
맞은쪽	프라티버벌러즈나야 스터라나 **противоположная сторона**
매니저	메네제르 **менеджер**
매우	오쩬 **очень**
매일	카즈드의 뎬 **каждый день**
매표인	카씨르 **кассир**
맥박	임뿔스 **импульс**
맥주	피버 **пиво**

한국어	러시아어 발음	러시아어
맵다	어스트리	**острый**
머리	갈라바	**голова**
머리카락	벌러스	**волос**
머무르다	아스타뜨쌰	**остаться**
먹다	구샤띠	**кушать**
멀다	달려기의	**далекий**
메뉴판	메뉴	**меню**
며느리	스너하	**сноха**
면 국수	랍샤	**лапша**
면 옷감	홀러퍽	**хлопок**
모래	페속	**песок**
모레	퍼슬레자브트라	**послезавтра**
모르다	네즈나유	**незнаю**
모양	퍼르마	**форма**
모자	쌉카	**шапка**
모자라다	네흐바탓	**нехватать**

한국어	러시아어 발음	러시아어
목	쎄야	**шея**
목걸이	싸르프	**шарф**
목요일	쩨트베륵	**четверг**
목욕하다	쿠파뜨쌰	**купаться**
목적지	메스떠 프리브바니에	**место прибывание**
몸	텔러	**тело**
못생긴	네크라시브의	**некрасивый**
무거운	탸졀르의	**тяжелый**
무엇	쯔떠	**что**
무역회사	타르거바야 피르마	**торговая фирма**
문	드베리	**дверь**
문장	프럴레제니에	**предложение**
문제	프러블레마	**проблема**
묻다	스프라시밧	**спрашивать**
물	바다	**вода**
물건	타바르	**товар**

승차권
구입

분실

도난시

아플 때

처방

도움되는
한·러어휘

부록

물고기	르바 **рыба**	바늘	이글라 **игла**
미국	쓰샤 **США**	바다	모레 **море**
미술	이쓰꾸스트버 **искусство**	바람	베테르 **ветер**
미술관		바람이 불다	베테르 두엣 **ветер дует**
	후더즈스트벤나야 갈레례야 **художественная галерея**	바로	스라주 **сразу**
미안하다	이즈비니뜨샤 **извиниться**	바쁜	자냐뜨의 **занятый**
미용실	바냐 **баня**	바지	브류키 **брюки**
미워하다	네나비뎻 **ненавидеть**	박물관	무제이 **музей**
미터	메트르 **метр**	박수치다	흘러팟 **хлопать**
믿다	베릿 **верить**	밖	스나루지 **снаружи**
		반드시	아비자뗄너 **обязательно**

ㅂ

바 bar	바르 **бар**	반지	칼쩌 **кольцо**
바구니	카르지나 **корзина**	받아두다	브잣 **взять**
바꾸다	메냣 **менять**	발생하다	바즈라즈닷 **возраждать**
바나나	바난 **банан**	발음	프라이즈너쎄니에 **произношение**
		밝은	스베틀르의 **светлый**

밥	리스 **рис**	버터	마슬러 **масло**
방	컴나타 **комната**	번거롭다	슬로즈느의 **сложный**
방금	즈라주 **сразу**	번화	블라가바루쯔너 **благополучно**
방문하다	파쎄샷 **посещать**	벌써	우제 **уже**
배 과일	그루샤 **груша**	법	자컨 **закон**
배고픈	걸러드느의 **голодный**	벗다	스니마띠 **снимать**
배구	발레이벌 **волейбол**	변호사	아드버갓 **адвокат**
배드민턴	바드민턴 **бадминтон**	변화	이즈메네니에 **изменение**
배부른	스트의 **сытый**	병원	발니짜 **больница**
배우	아크터르 **актер**	보관	흐라네니에 **хранение**
배우다	이주짜띠 **изучать**	보너스	버누스 **бонус**
백 100	스떠 **сто**	보다	스모트렛 **смотреть**
백화점	우니베르그막 **универмаг**	보리	야쯔멘 **ячмень**
버스	아브터부스 **автобус**	보석	드라거젠느의 카멘 **драгоценный камень**
버스정류장		보통 우편	아브즈나야 포쯔따 **обычная почта**
아브터부스나야 아스타넙가 **автобусная остановка**		복숭아	페리씩 **персик**

복습하다	파브타럇 повторять	분명하다	야스느의 ясный
복장	카스튬 костюм	분실	우테랴 утеря
볶다	드라지닛 дразнить	분위기	아트모스폐라 атмосфера
볼링	버울린그 боулинг	불편하다	네우더브느의 неудобный
봄	베츠나 весна	비	도지띠 дождь
부근	아그레스트너스띠 окрестности	비교적	스라브니뗄너 сравнительно
부르다	즈밧 звать	비누	믈러 мыло
부부	숩루기 супруги	비단	쎨크 шелк
부엌	쿠흐냐 кухня	비로소	브 칸쩨 칸느쩌브 в конце концов
부유한	바가트의 богатый	비록	너 но
부인	제나 жена	비상계단	
부지런한	프렐례즈느의 прилежный		아바리의느의 레스니쯔 аварийные лестницы
부채	베에르 веер	비상문	아바리의느의 드베리 аварийный дверь
부치다 편지		비서	세그레타리 секретарь
	아트라블럇 피쎠머 отправлять письмо	비슷한	파하지의 похожий
북쪽	세베르나야 스터러나 северная сторона	비싼	다라거의 дорогой

비용	트라타 **трата**	사실	프라브다 **правда**
비자	비자 **виза**	사업	비지네스 **бизнес**
비행기	사말렷 **самолет**	사용하다	이즈벌저밧 **использовать**
빌리다	브랏 브자이므 **брать взаймы**	사위	쟈띠 **зять**
빛	루츠 **луч**	사이다	스프라잇 **спрайт**
빠른	브스트르의 **быстрый**	사자	레브 **лев**
빨강색	크라스느 츠벳 **красный цвет**	사전	슬러바리 **словарь**
빨리	브스트러 **быстро**	사진	파타그라피야 **фотография**
빵	흘렙 **хлеб**	사촌	댜댜 **дядя**
		사회	아브쎄스트버 **общество**

ㅅ

		산	가라 **гора**
사거리	퍼레크러스턱 **перекресток**	살다	지띠 **жить**
사과	야블라거 **яблоко**	삶다	지즈니 **жизнь**
사다	파구팟 **покупать**	상인	타르거베쯔 **торговец**
사랑하다	류비띠 **любить**	상점	마가진 **магазин**
사무실	어피스 **офис**	새로운	너브의 **новый**

손녀	브누쯔까 **внучка**	스키	르지 **лыжи**
손님	거스띠 **гость**	스튜어디스	스튜아르데싸 **стюардесса**
손자	브눅 **внук**	승객	파사지르 **пассажир**
수고하다	라버타띠 우세르드너 **работать усердно**	시시간	차시 **часы**
수박	아르부즈 **арбуз**	시간	브렘먀 **время**
수영	플라바니예 **плавание**	시원한	프라흐라드너 **прохладно**
수요일	스레다 **среда**	시장	르넉 **рынок**
숙소	질려 **жилье**	시합	사례브너비니예 **соревнование**
숙제	다마시냐야 라버따 **домашняя работа**	시험	에그자멘 **экзамен**
숟가락	로즈까 **ложка**	식당	스탈러바야 **столовая**
술	버드까 **водка**	식물원	바타니체스키의 사드 **ботанический сад**
쉬다	아드핫 **отдыхать**	식초	욱수스 **уксус**
쉬운	려흐기의 **легкий**	신고	자야빗 **заявить**
슈퍼마켓	스페르마르켓 **супермаркет**	신문	가제따 **газета**
스카프	싸르프 **шарф**	신발	어부비 **обувь**
스케이트	칸키 **коньки**		

승차권
구입

분실

도난시

아플 때

처방

도움되는
한·러어휘

부록

신용카드	크레디트쯔나야 가르토쯔까 **кредитная карточка**	아버지	파파 **папа**
신청	레기스트라쩨야 **регистрация**	아쉽다	사잘레띠 **сожалеть**
신호등	스베타퍼르 **светофор**	아이	레벼넉 **ребенок**
싸다 값	데셔브의 **дешевый**	아직	예셔 네 **еще не**
쌀밥	리스 **рис**	아침	우트러 **утро**
쓰다 글씨	피사띠 **писать**	아침밥	자브트락 **завтрак**
쓰다 모자	나씻 **носить**	아프다	발레띠 **болеть**
쓴맛	고리키의 **горький**	악수하다	즈다러밧쌰 **здороваться**
씻다	프띠 **мыть**	안	브누트르 **внутрь**
		안심하다	브띠 스파커이늠 **быть спокойным**
아가씨	데부씨까 **девушка**	안쪽	부느트렌나야 스타라나 **внутренняя сторона**
아내	제나 **жена**	앉다	시뗏 **сидеть**
아들	슨 **сын**	알다	즈낫 **знать**
아래쪽	브니즈 **вниз**	알려주다	다띠 즈낫 **дать знать**
아름답다	프레그라스느의 **прекрасный**	앞쪽	브누트렌나야 스타라나 **внутренняя сторона**
		애인	팔라빈카 **половинка**

야구	베이스볼 **бейсбол**
야채	어버씨 **овощи**
약국	아프태까 **аптека**
약속하다	다띠 아베샤니에 **дать обещание**
양 수량	칼리쩨스트버 **количество**
양복	카스쯤 **костюм**
양식	예브러베이스커에 블류다 **европейское блюдо**
양파	룩 **лук**
얕은	멜키의 **мелкий**
어떻게	각 **как**
어려운	탸졀릭 **тяжелый**
어머니	마마 **мама**
어제	브쩨라 **вчера**
언니	세스트라 **сестра**
얼굴	리쩌 **лицо**
얼마	스콜커 **сколько**

얼음	려드 **лед**
없다	넷 **нет**
여권	파스퍼르뜨 **паспорт**
여기	즈데시 **здесь**
여동생	세스트런까 **сестренка**
여름	레떠 **лето**
역사	이스터리야 **история**
연구하다	이슬레더밧 **исследовать**
연습	파브터랴띠 **повторять**
열쇠	클류찌 **ключ**
열이 나다	템페라투라 파드날라쓰 **Температура поднилась**
영어	안글리스키의 야즉 **английский язык**
영화	키너 **кино**
옆	벅 **бок**
예습하다	트레니러바쨔 **тренироваться**

승차권
구입

분실
도난시

아플 때

처방

도움되는
한·러회화

부록

	자브라니러바띠		이나스트란느의 야즈그
예약하다	**забронировать**	외국어	**иностранный язык**
	예티켓		이나스트라네쯔
예의	**этикет**	외국인	**иностранец**
	마네라		슬레바
예절	**манера**	왼쪽	**слева**
	세버드냐		반나야
오늘	**сегодня**	욕실	**ванная**
	프리하디띠		프라샤띠
오다	**приходить**	용서하다	**прощать**
	덜기의		므
오래된	**долгий**	우리	**мы**
	나 덜거에 브레먀		전틱
오랫동안	**на долгое время**	우산	**зонтик**
	파드니마드쌰		스나짤라
오르다	**подниматься**	우선	**сначала**
	프라바야 스타라나		말라커
오른쪽	**правая сторона**	우유	**молоко**
	브랏		드루즈바
오빠	**брат**	우정	**дружба**
	더 아베다		
오전	**до обеда**	운동하다	자니마뜨쌰 스퍼르텀
	포슬레 아베다		**заниматься спортом**
오후	**после обеда**		바디텔
	템페라투라	운전기사	**водитель**
온도	**температура**		플라가띠
	아데즈다	울다	**плакать**
옷	**одежда**		스메여트샤
	루바씨카	웃다	**смеется**
와이셔츠	**рубашка**		아베쟈나
	히루르기야	원숭이	**обезьяна**
외과	**хирургия**		

한국어	러시아어		한국어	러시아어
월요일	퍼네델닉 **понедельник**		이유	프리찌나 **причина**
위쪽	스베르후 **сверху**		이해하다	파니마띠 **понимать**
유리	스테클러 **стекло**		인도 나라	인디야 **Индия**
유명한	이즈베스트느의 **известный**		일	라버따 **работа**
은	세레브러 **серебро**		일본	야버니야 **Япония**
은행	블란크 **банк**		일본어	야번스키의 야즉 **Японский язык**
음식	예다 **еда**		일어나다	파드니마뜨쌰 **подниматься**
음악	무즈카 **музыка**		일요일	바스크레세니에 **воскресенье**
의사	브라찌 **врач**		잃어버리다	파테랴띠 **потерять**
의자	스툴 **стул**		입	럿 **Рот**
이것	예떠 **это**		입다	아데바띠 **Одевать**
이륙하다	브즐례땟 **взлетать**		입장권	브헐너이 블렛 **входной билет**
이름	이먀 **имя**		있다	에스띠 **есть**
이모	브네시느의 비드 **внешния вид**		잊다	자븟 **Забыть**
이모부	댜댜 **дядя**			
이상한	스트란느의 **странный**			

ㅈ

자기자신	삼 **сам**
자다	스파띠 **спать**
자동차	아프터머빌 **автомобил**
자전거	벨레시베드 **велосипед**
작가	피사텔 **писатель**
작년	프러실리 고드 **прошлый год**
작은	마렌기의 **маленький**
잔돈	메러찌 **мелочь**
잡지	주르날 **журнал**
장사	파하러느 **похороны**
재떨이	페펠니짜 **пепельница**
재미있다	인테레스느의 **интересный**
잼	바레니에 **варенье**
쟁반	러턱 **лоток**
저것	번 텃 **вон тот**

저기	번 터 **вон то**
저녁	베쩨르 **вечер**
저녁밥	우진 **ужин**
적은	네발쇼이 **небольшой**
적합한	파드허딧 **подходит**
전부	브쎄 **все**
전자제품	엘레그트런느에 베씨 **электронные вещи**
전화	텔레폰 **телефон**
전화번호	노메르 텔레폰아 **номер телефона**
젊은	말라도이 **молодой**
점심	아베드 **обед**
점심밥	아베다띠 **обедать**
접시	타렐까 **тарелка**
젓가락	팔러치끼 **палочки**
제일	사므의 **самый**
조금	넘너즈거 **немножко**

한국어	발음	러시아어		한국어	발음	러시아어
조심하다	아스타라즈너	**осторожно**		중간	세레디나	**середина**
졸업하다	자컨찌띠	**закончить**		중국	키타의	**Китай**
좁은	우즈키의	**узкий**		중국어	키타의스키의 야즉	**Китайский язык**
종업원	사트루드닉	**сотрудник**		중국요리	키타이스카야 구흐냐	**китайская кухня**
종이	부마가	**бумага**		중요한	바즈느의	**важный**
좋아하다	느라비쨔	**нравиться**		즐거운	벼쏄르의	**веселый**
좋은	하로시의	**хороший**		지각하다	아파즈드바띠	**опаздывать**
주량	피테버이	**питьевой**		지구	제밀랴	**земля**
주문하다	자가즈밧	**заказывать**		지나다	프라하디띠	**проходить**
주사	우걸	**укол**		지도	카르타	**карта**
주요한	바즈느의	**важный**		지불하다	플라디띠	**платить**
주의하다	브니마니에	**внимание**		지폐	쿠퓨라	**купюра**
주인	하쟈인	**хозяин**		지하철	메트러	**метро**
주장하다	아스타이바띠	**отстаивать**		직업	프러볘씨야	**профессия**
죽다	우메라띠	**умерать**		직원	사트루드닉	**сотрудник**
준비하다	가터비쨔	**готовиться**		진지한	세료즈느의	**серезный**

짐	베씨 вещи	처음	페르브예 первые
집	덤 дом	천 1,000	트샤짜 тысяча
짠	살런의 соленый	체온	템페라투라 텔러 температура тело
짧은	카러트기의 короткий	초청하다	프리글라샤띠 приглашать
~쪽으로	브 스터러누 в сторону	촬영하다	스나마띠 снимать
찌다	두씨띠 душить	추운	힐러드나 холодно

ㅊ

차 茶	차이 чай	축구	푸트벌 футбол
차 車	마시나 машина	축하하다	파즈드라블랴띠 поздравлять
차비	아플라따 자 프러예즈드 оплата за проезд	출구	브헛 выход
착륙하다	아프수디쩌샤 опуститься	출근하다	이드띠 나 라버뚜 идти на работу
참가하다	우차스트버바띠 участвовать	출발하다	아트브라블랴드샤 отправляться
참새	바라베이 воробьей	춤추다	탄쩨바띠 танцевать
찾다	이스카띠 искать	충분한	폴느의 полный
책	크니가 книга	취미	허비 хобби
처리하다	레씨띠 решить	취소하다	아트메냐띠 отменять
		취하다	퍄네띠 пьянеть

274

측정하다	이즈메랴찌 **измерить**	커피숍	커페이냐 **кофейня**
치과	스타마탈러기야 **стоматология**	컴퓨터	컴퓨테르 **компьютер**
치마	유브가 **юбка**	컵	스타칸 **стакан**
치약	주브나야 파스타 **зубная паста**	캐나다	카나다 **Канада**
치통	주브나야 벌 **зубная боль**	캠프	라게르 **лагерь**
친구	드룩 **друг**	케이블	카벨 **кабель**
친절한	베즐리브의 **вежливый**	케이스	케으스 **кейс**
친척	러드스트벤니키 **родственники**	케익	라게르 **торт**
침대	크러바찌 **кровать**	코	노스 **нос**
칫솔	주브나야 쎠트까 **зубная щетка**	코끼리	슬런 **слон**

ㅋ

카드	카르타 **карта**	콜라	코카-콜라 **кока-кола**
카드번호	노메르 카르트 **номер карты**	콩	소야 **соя**
		큰	발쇼이 **большой**
카메라	퍼터아파라뜨 **фотоаппарат**	키	러스뜨 **рост**
칼	노즈 **нож**	킬로그램	킬러그람 **килограмм**
커피	커페 **кофе**	킬로미터	킬러메트르 **километр**

ᄐ

타다 말 **кататься на лошади**
카타티쨔 나 러샤디

타다차 **садиться**
사디뜨쌰

탁구 **настольный теннис**
나스털느이 테니스

탁자 **столик**
스털릭

태양 **солнце**
솔느쩨

태평양 **тихий океан**
티히의 아케안

택시 **такси**
탁시

터널 **тоннель**
톤넬

터키 **турция**
투르치야

테니스 **теннис**
테느스

텔레비전 **телевизор**
텔레비저르

토요일 **суббота**
수버따

퇴근하다 **уходить с работы**
우하디띠 스 라버뜨

튀기다 **всплеск**
브스블레스크

특별하다 **особый**
아셔브의

특산품 **специальные товары**
스페지알느예 터바르

티켓 **билет**
빌렛

팁 **чаевые**
짜에브예

ᄑ

파랑색 **синий**
시니의

파티 **вечеринка**
베쩨린까

팔다 **продавать**
프라다밧

패스트푸드 **фаст-фуд**
파스-푸드

편리한 **удобный**
우더브느의

편안한 **удобный**
우더브느의

편지 **письмо**
피스머

포도 **виноград**
비나그라드

포도주 **вино**
비너

포장하다 **оборачивать**
아바라지밧

포크 **вилка**
빌카

표 **билет**
빌렛

표시하다	브델릿 **выделить**	한국사람	카레에쯔 **Кореец**
표현하다	브라자띠 **выражать**	한국어	카레이스키의 야즥 **Корейский язык**
풍경	페이자즈 **пейзаж**	한자	이에러글리프 **иероглифы**
필름	필름 **фильм**	할 수 있다	스머구 스델라띠 **смогу сделать**
필요없다	네누즈느의 **ненужный**	항공사	아비캄파니야 **авиакампания**
필요하다	누즈늬 **нужный**	항상	브세그다 **всегда**
필통	페날 **пенал**	함께	브메스떼 **вместе**

ㅎ

하늘	네버 **небо**	해결하다	레씨띠 **решить**
하다	델라띠 **делать**	해산물	마르스커이 프라둑트 **морской продукт**
하루종일	베스 덴 **весь день**	행동하다	데이스트버바띠 **действовать**
학교	씨콜라 **школа**	행복	샤스티에 **счастье**
학급	스테펜 **степень**	행인	프라허지에 **прохожие**
학생	스투덴트 **студент**	향기로운	아라마트느의 **ароматный**
한가하다	스바버드느의 **свободный**	향수	두히 **духи**
한국	유즈나야 카레야 **Южная Корея**	허리	파야스니짜 **поясница**
		헤어지다	라스타바드쨔 **расставаться**

현재	나스타야쎼에 **настоящее**	확인	우타찌낫 **уточнять**
혈압	다블렌니에 **давление**	환전	아브몐 발룻 **обмен валюты**
혈액형	그루빠 크로비 **группа крови**	회사	피르마 **фирма**
형	브랏 **брат**	회의	사브라니에 **собрание**
호랑이	티그르 **тигр**	후추	페레쯔 **перец**
호박	특바 **тыква**	후회	사잘례니에 **сожаление**
호수	오제라 **озеро**	훔치다	스크르밧 **скрывать**
호텔	아텔 **отель**	휴대전화	
혼자	아딘 **один**		마빌느의 텔례폰 **мобильный телефон**
홍차	처르느의 차이 **черный чай**	휴식	어드흐 **отдых**
화가	후도즈닉 **художник**	휴지	투알례트나야 부마가 **туалетная бумага**
화내다	즐리뜨싸 **злиться**	흐린	테체니에 **течение**
화요일	브터르닉 **вторник**	흑백	처르나-볠르의 **черно-белый**
화성	마르스 **марс**	흡연석	메스타 들랴 쿠례니야 **место для курения**
화장실	투알렛 **туалет**	흰색	볠르의 **белый**
화장품	카스메티까 **косметика**		

동인랑
왕초짜 여행시리즈

국반판 | 6,500원

★ 처음 해외 여행을 떠나는 분들을 위한 왕초짜 여행회화

★ 해외 여행시 꼭 필요한 문장들만 수록 우리말 발음이 있어 편리!

★ 상황에 따라 쉽게 골라쓰는 여행회화

★ 도움되는 활용어휘, 한국어 · 외국어 단어장

왕초짜
여행 러시아어

저자 Бегимай Джусупова 배기마이 주수버바
발행일 2023년12월 10일　　　발행인 김인숙　　　　　발행처 (주)동인랑
Editorial Director 김혜경　　　편집·Designer 김소아　　Illustrator/Cartoon 김소아
Printing 삼덕정판사

139-240
서울시 노원구 공릉동 653-5
대표전화 02-967-0700　　　　　팩시밀리 02-967-1555　　　출판등록 제 6-0406호

ⓒ2023 Donginrang Co.,Ltd.
ISBN 978-89-7582-614-6

 인터넷의 세계로 오세요!　　www.donginrang.co.kr
webmaster@donginrang.co.kr

(주)동인랑에서는 참신한 외국어 원고를 모집합니다.

잘못된 책은 교환해 드립니다.